嘉兴市公共文化服务创新案例

嘉兴市文化广电新闻出版局 编

中国社会科学出版社

图书在版编目（CIP）数据

嘉兴市公共文化服务创新案例/嘉兴市文化广电新闻出版局编.
—北京：中国社会科学出版社，2016.3
ISBN 978 - 7 - 5161 - 7822 - 5

Ⅰ.①嘉…　Ⅱ.①嘉…　Ⅲ.①公共管理—文化工作—案例—
嘉兴市　Ⅳ.①G127.553

中国版本图书馆 CIP 数据核字（2016）第 057577 号

出 版 人	赵剑英
责任编辑	卢小生
责任校对	周晓东
责任印制	王　超

出　　版	中国社会科学出版社
社　　址	北京鼓楼西大街甲 158 号
邮　　编	100720
网　　址	http：//www.csspw.cn
发 行 部	010 - 84083685
门 市 部	010 - 84029450
经　　销	新华书店及其他书店

印　　装	北京君升印刷有限公司
版　　次	2016 年 3 月第 1 版
印　　次	2016 年 3 月第 1 次印刷

开　　本	710×1000　1/16
印　　张	14.25
插　　页	2
字　　数	185 千字
定　　价	45.00 元

凡购买中国社会科学出版社图书，如有质量问题请与本社营销中心联系调换
电话：010 - 84083683
版权所有　侵权必究

序

　　加快构建现代公共文化服务体系，是保障和改善民生、增强人民福祉、全面建成小康社会的一项重要任务，是弘扬社会主义核心价值观、建设社会主义文化强国、实现中华民族伟大复兴中国梦的基础工程，也是深化文化改革发展、更好地发挥文化适应和引领经济发展新常态突出作用、实现"五位一体"协调发展的重要战略举措。进入 21 世纪以来，党和国家高度重视公共文化服务体系建设。2012 年，党的十八大报告明确提出了到 2020 年"公共文化服务体系基本建成"的战略目标。2013 年，党的十八届三中全会作出了"推进文化体制机制创新、构建现代公共文化服务体系"的重大决定。2015 年，中办、国办出台的《关于加快构建现代公共文化服务体系的意见》明确要求，"到 2020 年，基本建成覆盖城乡、便捷高效、保基本、促公平的现代公共文化服务体系"。

　　按照中央决策部署和浙江省的工作目标、任务及要求，嘉兴市始终把公共文化服务作为政府重要的基本职能之一，摆在党委政府各项工作的重要位置，把公共文化服务体系纳入经济社会发展总体规划，纳入"城乡一体化"改革试点，把公共文化服务发展质量和运行效能，尤其是人民群众对公共文化的满意度，作为对各级党委政府科学发展考评的重要内容。

十多年来，嘉兴市公共文化服务体系建设取得了长足发展。一是设施网络不断完善、组织体系日趋健全、产品供给丰富多样、运行效能持续提升，公共文化服务体系建设的总体水平位于全国前列；二是嘉兴在公共图书馆总分馆服务体系建设、基层文化管理员队伍建设、群众文化活动品牌建设，以及传承弘扬革命文化和地方特色文化等方面形成了诸多在全国、全省具有示范性、引领性的创新经验。2013 年年底，嘉兴市取得"国家公共文化服务体系示范区"创建资格，这是国家、社会、行业对嘉兴市公共文化服务工作的肯定和激励。

在高起点上如何更进一步？能不能在有限的两年创建期内，再度创新并推出在全国、全省有示范意义和借鉴价值的重要做法及经验？这是示范区创建之初，嘉兴市各级党委政府面临的突出问题。为了辨明方位，找准定位，提高认识，厘清思路，我们组织各级党委政府、文化及相关部门、各级各类公共文化机构的党员干部，认真学习贯彻习近平总书记重要系列讲话精神和党的十八大以来关于文化改革发展的重要论述，深入理解贯彻"四个全面"战略部署和"创新、协调、绿色、开放、共享"五大理念。在此基础上，逐步形成了比较清晰的创建思路：以人民为中心，以需求为导向，以社会主义核心价值为引领，以标准化建设为基础，以改革创新为动力，以现代科技为支撑，加快构建设施成网、资源共享，人员互通、服务联动，城乡一体、均衡发展，具有鲜明嘉兴特色的现代公共文化服务体系。

所谓"设施成网"，就是指打破行政层级分割、改变"孤岛"运行格局，以"总分馆服务体系"的方式、数字网络技术手段、服务的规范性要求、群众参与的绩效考评，将各级各类公共文化设施连成一张标准一致、均衡覆盖、互联互通、高效运行的服务网络，使城乡群众就近、便利地获得优质文化服务。

序

所谓"资源共享"，就是指在现行"分灶吃饭"的财政体制下，以联盟方式统筹利用好市、县（市、区）财政资金，发挥最大使用效率。特别是在数字文化资源建设和"文化有约"平台服务方面，实行统筹规划、透明采购、互通有无、共建共享，避免了各自为政、重复建设的弊端。

所谓"人员互通"，就是指围绕破解基层镇（街道）、村（社区）基层文化队伍"不专职、不专业、不专心"的难题，大力推行"县聘镇用、镇聘村用、协同共管"的文化下派员和专职文化管理员的"两员"制度，集聚各方支撑力量，逐步实现基层骨干队伍统一招募、统一培训、统一任用、统一考评。

所谓"服务联动"，一是指统一服务规范要求，无论是在中心城区，还是在边远乡村，群众均能享受到规范的服务，服务质量基本相同；二是指原有局限于服务当地群众的各种特色服务、品牌服务，经由平台的"菜单式"、"订单式"预约和配置，得以在不同区域之间流通、共享。

所谓"城乡一体、均衡发展"，是指城乡"二元"不均衡供给体制，在公共文化领域不复存在。设施网络化、资源共享化、人员组织化、服务规范化、活动大流通、平台全支撑，公共文化领域的"城乡"只是地理空间概念，不再有供需、规范、品质的分别，均在现代公共文化服务中融为"一体"。

思路清则方向明，方向明则干劲足。两年来，新的创建理念和思路已转化为全市干部群众的具体行动，来自各级各部门，特别是基层群众的创意创新创造亮点纷呈、层出不穷。这本案例集因篇幅所限，不能涵盖全面，只是选取了一些理念先进、视角新颖、做法清晰、效果显著、示范性强、可推广可复制的实践经验，用于启发想象、激活思维、推动创新。

公共文化服务，宗旨是为民，性质为向善，创新永远在路上。国家公共文化服务体系示范区创建为嘉兴市提供了一个重大契机，嘉兴市期望能为国家和浙江省贡献一个有示范意义和借鉴价值的现代公共文化服务体系建设的"嘉兴模式"。这本案例集在收录、记载嘉兴全市干部群众创新实践成果的同时，希望为读者提供观察、印证、审视、借鉴"嘉兴模式"的一个侧面。

嘉兴市人民政府副市长

2016 年 3 月

嘉兴创新公共文化
服务的生动写照

  长期以来，嘉兴的公共文化服务体系建设一直走在全国前列。第二批国家公共文化服务体系示范区创建伊始，嘉兴市委市政府就提出了"建设具有嘉兴特色、东部地区示范、全国领先的现代公共文化服务体系"的目标。两年一瞬间，如今第二批国家公共文化示范区创建到了总结验收时刻，嘉兴对全市两年来现代公共文化服务体系建设的理论突破、创新实践进行了全面梳理和总结，形成了这本"创新案例"。由于工作关系，我得以先睹为快。通过一个个鲜活、生动的创新案例，我看到了嘉兴高度的文化自觉和文化自信，看到了嘉兴不断挑战自我、超越自我的创新探索和实践，也体会到了嘉兴的公共文化在促进地区经济社会全面发展上发挥的重要作用。

  "案例"展现了嘉兴推进现代公共文化服务体系建设的全景画面。30多个案例涉及公共文化服务的方方面面，折射了嘉兴公共文化服务体系建设整体性持续健康发展的良好态势。全面推进、整体性发展，既是嘉兴公共文化服务体系建设的显著特点，也为嘉兴公共文化服务体系建设全面领先奠定了基础。之所以能形成如今良好的发展格局，得益于嘉兴市委市政府把公共文化服务体系建设全面纳入经济社会发展规划，体现了嘉兴市委市政府高度的公共文化服务体系建设主体意识、责任意识和担当意识，这是协调发展新理念在嘉兴落地的写照。

"案例"凸显了嘉兴公共文化服务体系建设创新突破、引领示范的生动实践。我国的公共文化服务体系建设只有十多年的历程，人民群众日益增长的精神文化需求、经济社会的快速发展，不断给公共文化服务体系建设提出新任务。公共文化服务体系建设的持续领先，动力就在于创新，要求不断以创新的理念和实践破解难题，回应挑战，引领示范。嘉兴市率先探索的文化馆总分馆制、基层公共文化队伍"两员"制、"文化有约"线上线下相结合的服务模式等，在我国的公共文化服务体系建设中具有开创意义，起到了开启路径、探索方法、积累经验、引领示范的作用。放眼全球，即便是把嘉兴的上述创新实践放在国际范围去比较审视，也堪称公共文化服务的中国创造，为形成中国特色的现代公共文化服务体系做出了嘉兴贡献。

"案例"体现了嘉兴公共文化服务体系建设不断完善、追求卓越的进取精神。公共文化服务体系建设永远在路上，保持领先比创造领先更难。嘉兴公共文化服务体系建设创造出了许多领先全国的特色和亮点，怎样让这些特色和亮点更上一层楼、持续创新？"案例"当中反映的嘉兴市完善公共图书馆总分馆建设的实践做出了回答。示范区创建期间，嘉兴市深化公共图书馆总分馆建设完成了三大任务：一是制定《嘉兴市公共图书馆中心馆—总分馆服务体系标准》；二是探索农家书屋与县域公共图书馆总分馆体系统筹发展；三是实施乡镇分馆升级改造工程。这三件事情涉及公共文化服务标准化、均等化、公共文化服务体制机制改革和基层公共图书馆转型升级三大战略目标，嘉兴实践的意义在于：第一次形成了公共图书馆总分馆制的"嘉兴标准"，首创了统筹农家书屋发展的"嘉兴做法"，树立了小康社会镇、村图书分馆的"嘉兴样板"。通过持续创新、不断完善，如今公共图书馆总分馆的"嘉兴模式"内容更丰富、要素更齐全、机制更完善、效益更显著，为下一步在全国范围内落实中办、国办《关于加快构建现代公共文化服务体系的意见》、全面推进公共图书馆总分馆制提供了新的借鉴。

"案例"总结了嘉兴打造地方特色公共文化服务品牌的丰硕成果。多样性和特色化是文化生活的突出特点。通过本书汇集的许多案例可以看到，嘉兴的公共文化建设品牌意识强烈，品牌打造硕果累累。图书馆文化馆总分馆建设、"文化有约"服务平台、基层公共文化队伍"两员"制，这些全市性的品牌工程已经蜚声全国。通过本书的案例，我们又欣喜地看到，在示范区创建过程中，嘉兴市各区县乃至乡镇社区又涌现出一大批公共文化服务品牌，如南湖区打造"歌城"、秀洲区推动"农民画"品牌向体系化方向发展、王店镇建设"村嫂摄影队"、嘉善县以"辣妈宝贝"为代表的县镇村三级业余团队建设、平湖市的"草根达人秀"、海盐县的全民艺术普及公益大培训、海宁市的文化礼堂理事会建设、桐乡市打造的"中国排舞之乡"，还有国际化的"乌镇戏剧节"，等等。品牌服务和品牌活动具有特色鲜明、持续稳定、质量精良、美誉度高、社会影响大、群众参与广泛等特点，是丰富公共文化服务供给、吸引群众广泛参与的有效形式，也是公共文化群众自我创造、自我表现、自我服务的有效载体。嘉兴着力打造具有地方特色的公共文化服务品牌，抓住了公共文化服务提高质量和提升效能的关键。

近年来，嘉兴构建现代公共文化服务体系的创新经验在主流媒体上多有报道，嘉兴也是接待国内同行考察交流、参观访问最多的城市之一，嘉兴还成为国内一些高等院校、科研机构开展公共文化教学、研究的实践基地。这本"案例"，反映了嘉兴现代公共文化服务体系建设的最新进展和成就，凝聚了嘉兴全力推进国家公共文化服务体系示范区创建的智慧和心血，相信对全国的公共文化服务体系建设有很好的参考和借鉴作用。热切期待嘉兴为创造和形成公共文化服务的中国经验、中国道路、中国模式做出新的贡献。

北京大学教授、博士生导师，文化部国家
公共文化服务体系建设专家委员会主任

2016 年 3 月

目　录

目 录

"文化有约":公共文化 "互联网+"服务平台

一 背 景

2011年1月,文化部、财政部联合下发了《关于推进全国美术馆公共图书馆文化馆(站)免费开放工作的意见》(文财务发〔2011〕5号文件);7月,嘉兴市启动了以"共享和均等"为理念,以"资讯便捷、双向互动和零距离参与"为目标的"文化有约"项目及数字化互动平台建设。

2012年3月,时任文化部部长蔡武和副部长杨志今对嘉兴市此项工作先后作出重要批示,给予充分肯定。

2013年,"文化有约"网站全新改版,借鉴团购网站运营模式,将公共文化服务供给打包成活动项目(文化产品),供群众预约参与,推出公共文化服务"团购式"互联网平台——"文化有约"网(http://whyy.jxcnt.com),并开通了手机微信服务号,"文化有约"品牌效应进一步扩大。

2014年,"文化有约"列入嘉兴市政府"十大民生实事项目"。

2015年,"文化有约"平台推出3.0版,实现了摇号、众筹等功能。

　　"文化有约"的横向拓展、纵向延伸，重心下移、资源下沉，进一步对接群众文化需求，提供更加丰富多样的公共文化产品和服务，逐渐成为嘉兴市"互联网＋"公共文化服务创新平台。

"文化有约"网络平台

二　做法

（一）打造开放平台，整合系统内外资源

　　"文化有约"资源整合对象，由系统内的文化馆、图书馆、博物馆和美术馆拓展到系统外的科技馆、纪念馆、工人文化宫、青少年宫和妇女儿童活动中心；由市本级公共文化设施拓展到各区、县公共文化设施；由政府主办公益性文化机构拓展到由社会力量兴办各类文化机构。2014年，《全面推进"文化有约"项目实施意见》及《"文化有约"项目资金补助暂行办法》出台，以制度

形式加以固化。

（二）打造互动平台，实现供需有效对接

"文化有约"建立了互联网平台、手机 APP 客户端和数字电视终端三大预约服务平台，互联互通、实时同步晒出公共文化机构的服务和资源，以"菜单式"和"订单式"预约形式向人们提供免费培训、辅导、演出、讲座、展览、场地等活动。每项活动都可打分、评价，并作为后续经费拨付、评奖等依据。

（三）打造积分平台，激励市民积极参与

"文化有约"制定《用户积分管理暂行办法》。凡每日登录平台、参与活动、参与点评等行为均可获得积分奖励，但违约失信行为将被扣减积分。积分达到一定数量后，拥有优先参与特别活动的权限。

（四）打造众筹平台，彰显群众主体地位

"文化有约"研发出"我要参与"的众筹平台，在"活动征求"上，可投票支持文化场馆推出的活动项目，达到最低支持人数后即推出；在"发起活动"上，可发起个人文化需求，建立文化活动招募项目，达到最低支持人数后可组织推出，发起人有优先参与权；在"活动应聘"上，应聘成功者可以享受相应待遇或活动奖励。

（五）打造宣传平台，畅通信息知晓渠道

"文化有约"构建了全媒体宣传渠道，从互联网平台到电话热线、短信微信，从日报晚报到电台电视，从公交媒体到社区、商场视频，从统一标识、宣传口号、画册海报到书签、马克杯、杯垫，让公共文化活动家喻户晓。

三 成效

嘉兴市"文化有约"平台注重机制创新，丰富产品服务，提升服务质量，建立长效机制，逐渐成为群众获取文化信息、参与文化活动的重要渠道，成为国内公共文化服务的知名品牌。

（一）百姓有约，拓宽了公共文化服务的覆盖面

"文化有约"平台通过对公共文化资源的整合，满足了各类人群的文化需求，甚至增加面向特殊群体的公共文化服务，并将公共文化服务延伸到村文化礼堂，活动范围也扩大到"大嘉兴"范围。"文化有约"在实际工作中拓宽了公共文化服务的受众面，提高了群众的参与度，促进了城乡基本公共文化服务的均等化，增强了

"文化有约"活动现场

社会公认度，扩大了公共文化服务的影响力和传播力，从根本上提升了群众主动参与公共文化服务的积极性和主动性。自2013年改版以来，"文化有约"网站的点击量已突破340万次，接受城乡居民预约服务18万多人次，推出各类项目2800多项，总计9300多场次，直接受益群众达150多万人次。

（二）场馆有约，促进了社会资源的统筹协调

"文化有约"在政府层面上建立了公共文化服务的统筹协调工作小组，从文化系统内延伸到系统外，"文化有约"已不再是文化部门的单打独斗，而是全社会共同参与的协作联盟，实现了部门联动和跨领域合作，进一步促进了区域内公共文化资源互补。

在"文化有约"发展过程中，不仅统筹了市级图书馆、文化馆、博物馆和美术馆的公共文化场馆及资源，而且还进一步统筹和协调了分散在科技馆、工人文化宫、青少年宫、妇女儿童活动中心和民营机构以及市残联、市治堵办、社会公益团体等的公益性文化资源，并继续向县（市、区）深度延伸，使那些有益于民生、有助于社会发展的公益性活动常态化、系列化开展。公益性文化场馆和资源在"文化有约"这个平台上得到了高效利用和效能不断攀升，达到了群众"进得来、愿意来、有所获"的既定目标。

（三）政府有约，实现了需求与供给的有效对接

"文化有约"平台将公共文化服务打包成一个个"产品"，供群众预约参与，将以往政府文化部门盲目、单向地送文化到基层改为群众自主选择、双向互动的模式，将文化需求与文化产品进行有效对接，提高了文化活动的针对性和实效性，提高了公共文化服务的精准性和效能，扩大了"文化有约"的品牌效应。

（四）社会有约，调动了社会力量的积极参与

"文化有约"不仅调动了群众参与公共文化活动的积极性，更鼓励社会力量承接文化项目，以政府购买公共文化服务的方式，引进社会力量参与。目前，"文化有约"已吸纳近20家民营文化机构加盟，在整合公共文化资源、提高公益性文化活动社会效益的同时，调动了社会力量参与公共文化服务的积极性。通过提供优质的公共文化服务产品，促进群众之间、社区之间、社群之间的沟通与交流，使公共文化服务成为推动群众素质提升、增强全市文化活力、促进社会和谐发展的动力。

点评：嘉兴"文化有约"运用互联网思维，建立统一服务和管理平台，提高了文化资源供给和服务能力；依靠数字化打通"最后一公里"，把文化活动送到需要的老百姓身边，创新了服务形态，提高了服务效能，保障了文化民生；"文化有约"是科技创新与公共文化服务的深度融合，是"互联网＋"公共文化服务的创新示范。面向未来发展，"文化有约"将在现有的基础上更多地探索公益众筹，拓展社会供给，利用互联网平台，吸引更多的文化类机构、企业和公众参与；更多地探索运用大数据分析、数字化手段，开展互联网综合性、体系化的公共文化服务，进一步丰富和优化公共文化产品和服务供给。

文化馆总分馆服务体系的
"嘉兴模式"

一　背景

在公共文化服务体系中，文化馆（站）因其体系的完整性、功能的综合性等而占有重要地位。近年来，嘉兴市文化馆（站）建设蓬勃发展，市、县两级文化馆均达到部颁一级标准，镇（街道）综合文化站、村（社区）文化活动中心（室）实现了全覆盖。然而，文化馆（站）作为政府开展公共文化服务、组织指导基层群众文化活动、保护传承地方特色文化的重要途径，还存在城乡二元、以"块"为主，各自为政、运行脱节，各类资源分散、分割等问题，缺乏一套统筹协调、统一管理、一体化运行的长效机制，这是长期以来群众文化艺术服务不均衡的重要原因。

为了彻底破解这一现实问题，嘉兴市结合创建国家公共文化服务体系示范区，深入开展《嘉兴市文化馆总分馆服务体系研究》制度设计工作。2014 年，海盐县按照嘉兴市总体部署，在国家公共文化服务体系建设专家委员会多名专家的指导下，围绕进一步促进城乡基本公共文化服务的标准化、均等化，推动全县群众文化艺术服务均衡发展，率先推进文化馆总分馆制建设运行模式和手段创新，形成了以"人"为纽带的城乡一体化文化馆总分馆服务体系。

2015 年 4 月，嘉兴市市政府总结推广海盐经验，出台了《关于构建城乡一体化文化馆总分馆服务体系的实施意见》，并召开现场会，推动全市文化馆总分馆体系建设全面实施。截至 2015 年年底，嘉兴市形成了以嘉兴市文化馆为中心馆，由 1 个中心馆和 7 个县域总分馆体系构成的"1＋7"中心馆—总分馆服务体系，实现全市文化馆（站）设施成网、资源共享、人员互通、服务联动，为城乡居民提供优质、规范、均等的文化艺术服务，保障群众基本文化权益。

为将文化馆总分馆服务体系做强做实，嘉兴市在全省率先推行、全面实施文化下派员和村级专职文化管理员"两员"制度，试点建立县、镇、村三级公共文化服务绩效评估系统。这两项实实在在的举措，对文化馆总分馆体系建设运行起到了至关重要的作用。

嘉兴市文化馆总分馆暨基层"两员"建设工作推进会

二 做法

（一）明确功能职责

作为中心馆的嘉兴市文化馆，除履行好直接面向公众提供阵地服务外，重点加强整个服务体系中规划协调、业务支持、人才培训、创新研究和数字服务等"中心馆"职能，推动实现全市范围内文化馆（站）"统一服务标识、统一发布平台、统一服务标准、统一辅导培训"。作为县域总馆的各县（市、区）文化馆，除履行好县级馆职能外，重点加强"总馆"统筹、配置、协调、管理职能，强化对分馆的业务支持等。作为分馆的镇（街道）文化站，在"总馆"的指导和支持下，按统一规范和要求，履行好文化艺术辅导、文化活动实施等分馆职能。作为支馆的村（社区）文化活动中心（文化礼堂），重点做好本村（社区）文化设施免费开放、培育群众文艺团队、开展文体活动等工作。

（二）组建管理机构

嘉兴市文化馆馆长为中心馆馆长，各县（市、区）文化馆馆长为总馆馆长，各镇（街道）文化站站长或符合条件的其他人员，由当地政府征求县级宣传文化部门意见后，聘任为镇（街道）分馆馆长，分馆馆长在岗期间享受镇中层副职待遇。各镇（街道）文化下派员兼任分馆联络员，村级专职文化管理员为支馆干事。

（三）建立工作机构

市文化馆（中心馆）组建规划协调、业务支持、人才培训、创新研究和数字服务五大中心。各县（市、区）文化馆（总馆）下设四个业务中心（文化艺术培训、表演艺术指导、视觉艺术指导和文学理论信息），分馆相应建立四个部室，分馆专业技术人员、编外合同工、村级专职文化管理员相应进入四个部室。

（四）形成例会制度

建立"中心馆—总馆"、"总馆—分馆"相关负责人参加的两级例会制度，研究文化馆总分馆运行中遇到的问题和情况，重点研究面向基层的文化产品供需对接、提高服务效能问题，服务标准、服务项目推进实施问题。建立专业部室的创作、研究例会，重点研究优秀文化产品创作生产与运用。

（五）整合资源共享

充分发挥中心馆辐射带动作用，在深化与总馆会议联席、活动联办、培训联做、平台联建、场地联用"五联"工作机制的基础上，进一步强化统筹协调，规范服务标准，完善效能评估，促进各类资源在体系内流动。由总馆统筹全县群众文化艺术服务、全民艺术普及服务的资源建设，将分散的资源整合到总馆，由总馆进行合理配置、相互交流，实现资源整合利用、共建共享，让基层均能获得全县的文化艺术资源。

（六）建立保障机制

市财政落实中心馆数字文化馆等项目建设、全市文化馆资源调配和体系化运行的资金保障。县级财政保障总分馆标准化服务和运行经费的投入，如海盐县设立专项资金 50 万元，主要用于总分馆的建设和运行，资源调配、队伍培训和作品创作，以及绩效评价和考核奖励。各县（市、区）分别制定《文化馆总分馆运行考核办法》，纳入对各镇（街道）目标责任制考核，以绩效为导向、以效能为目标形成激励机制。加强队伍保障，实现"两员"全覆盖，建立总分馆人才下派上挂、培训交流制度，开展专业技术带头人和村级文化管理能手的评比，强化基层工作人员的专业水平和服务能力。

三 成效

（一）设施成网

嘉兴市文化馆总分馆服务体系覆盖了"市—县—镇—村"四个层级，打破了文化馆（站）的壁垒，实现了互联互通，形成了设施、服务、资源的网络体系，服务范围一直延伸到最基层（村级），贯通了制约体系末端的"最后一公里"，促进了全市文化馆服务的标准化和均等化。

（二）资源共享

在嘉兴市文化馆总分馆服务体系中，充分发挥中心馆、总馆和分馆各自的优势，强化市中心馆对县总馆业务工作的指导、辅导职能，强化县总馆对镇（街道）分馆和村（社区）支馆业务上的支持及指导，各类资源在全市范围内实现共享共用，并进一步向基层倾斜，大大提升了公共文化产品的总量和质量，提高了服务效能。

（三）人员互通

嘉兴市文化馆总分馆服务体系以"人"为纽带，创造性地实施文化下派员和村级专职文化管理员"两员"制度，实现了文化馆（站）之间人员的相互支持和流动，解决了长期以来基层文化队伍建设薄弱的问题。通过"两员"上情下达、下情上传，有效地对接了群众文化需求。

海盐县文化馆总分馆成立大会授牌仪式

（四）服务联动

通过实施文化馆总分馆服务体系，制定服务标准，进一步明确了不同层级文化馆（中心馆、总馆、分馆、支馆）的职能，实现了文化馆系统资源整合、上下贯通。通过协调机制、例会制度、考核制度、人员下派上挂制度等，形成统一网点布局、统一服务标准、统一数字服务、统一效能评估、统一下派上挂，实现了文化馆服务联动。

点评：图书馆总分馆服务体系建设起步较早，已形成浙江嘉兴、广东佛山、江苏苏州等成功样板，与之相比，文化馆总分馆服务体系起步较晚，基础薄弱，定位不明，路径不清。但是，为了破解文化馆服务领域普遍存在的

"孤岛"、"小众"、"近距离"等服务难题，迫切需要加快推进文化馆总分馆体系建设。浙江省嘉兴市从实际出发，结合示范区创建，大胆探索文化馆服务体系破解难题、创新发展之策，卓有成效地率先推出文化馆总分馆服务体系建设的"嘉兴样本"，从而使群众文化艺术服务领域以标准化、体系化促进均等化的路径变得特别清晰。嘉兴市关于文化馆总分馆服务体系的制度创新和实践样本，对于全国文化馆总分馆建设具有借鉴价值和示范意义。

基层公共文化队伍"两员"制度

一　背景

近年来，嘉兴市文化馆（站）建设发展迅速，市、县两级文化馆均达到部颁一级标准，镇（街道）综合文化站、村（社区）文化活动中心（室）实现了全覆盖。然而，人员"上强下弱"、服务城乡有别的问题依然存在，与现代公共文化服务城乡一体化、均等化的要求不相适应，与基层群众日益增长的文化需求不相适应。

2013年4月，为深入贯彻党的十八大精神，大力实施"文化兴市"战略，全面落实《中共嘉兴市委、嘉兴市人民政府关于推进文化强市建设的若干政策意见》（嘉委〔2012〕34号）文件精神，着力推动嘉兴文化强市建设，市编办、市财政局、市人力社保局、市文化局联合制定下发了《关于在全市实行村（社区）文化专职管理员制度的通知》（嘉文〔2013〕56号）和《关于在全市推广文化员下派制度的通知》（嘉文〔2013〕57号）两个文件，决定自2013年起，在全市推广文化员下派制度及村（社区）文化专职管理员制度（以下简称"两员"制度），以统筹协调的机制、体系化的运行，来提高服务效能，促进公共文化服务在全市范围内的均衡发展。

二 做法

"两员"制度的核心内容是，各县（市、区）文化馆向每个镇（街道）文化站下派 1 名文化员，每个村（社区）配备 1 名享受政府补贴的专职文化管理员。县（市、区）文化馆的人员下派到镇（街道）文化站，延伸了县（市、区）文化馆的资源、产品、服务、技术和规范；村（社区）文化活动中心（室）有了较为稳定、专业的专职工作人员，为加强农村文化阵地的长效管理，维护和保障农村群众的基本文化权益提供了必要的人才保障。

嘉兴市推进"两员"制度的主要做法包括：

（一）部署、推进和督导

嘉兴市示范区创建工作领导小组于 2014 年 3 月召开会议，对前期拟定的 17 个重点项目的任务、内容和要求向各成员单位、县（市、区）做了说明、动员和部署，以目标化、指标化、项目化思路来推动工作开展。"两员"队伍建设工作任务进一步明确，责任进一步落实。市文化局领导多次带队赴各县（市、区），考察"两员"相关工作开展情况，了解工作中的难点问题，加强指导。定期召开全市社会文化工作分管局长例会，听取各县（市、区）关于工作推进情况的汇报，加强各县（市、区）之间的经验交流。创建办公室作为示范区创建工作领导小组的日常工作机构，注重就协调、落实工作任务与各县（市、区）加强沟通，形成工作合力。为确保相关工作有序推进，嘉兴市于 2014 年下半年有序组织开展了一系列中期督查工作，各县（市、区）就配套政策出台情况、宣传动员工作开展情况、指标完成情况等开展自查。并由市督查考评办牵头，市委市政府督查专员带队，会同有关部门赴各县（市、区）进行实地督查，对包括"两员"建设工作在内的示范区创建重点项目落实情况进行了深入了解，印发了《督查通报》，并对各地创建工作进展情况进行了排名，有力地推进了工作开展。

（二）"两员"招聘

文化下派员，采用增加县文化馆人员编制或劳务购买方式；村文化管理员，采用劳务购买方式。文化下派员由县文化馆统一招聘、聘用，下派到乡镇综合文化站，主要从事文化艺术创作、表演和辅导培训，整理、研究和开发地方民间文化艺术等工作；村专职文化管理员由乡镇统一招聘、聘用，下派到村文化活动中心（文化礼堂），主要从事村级公共文化设施管理、培育业余文艺团队、开展群众文化活动等工作。落实"两员"待遇保障。目前，文化下派员年度工资水平不低于4万元，村专职文化管理员年度工资水平不低于3万元，并代缴社会保险。文化下派员，为事业编制的，按照现有财政体制增加经费。采用劳务购买方式的，由县级财政承担或按照现有财政体制逐级分担。村文化管理员，在市本级，由市、区、镇（街道）三级财政共同保障，市财政为每人给予1万元定额补助，其余由区、镇（街道）财政共同承担；各县（市），按照不低于全社会职工平均工资水平标准制定符合当地实际的财政保障办法，确保文化专职管理员工资待遇落实到位。

（三）"两员"培训

落实"基层文化专兼职人员每年参加集中培训时间不少于5天"的要求，分级分层开展培训。嘉兴市文化馆组织力量建设数字培训平台，安排师资举办示范性培训，并建立与职称晋升挂钩的学分制度；县（市、区）文化馆按照全市统一的培训要求和标准，对"两员"进行业务培训。培训内容除专业知识外，还包括文化阵地管理能力、文化产品策划能力、文化活动组织协调能力等方面的培训。

2014 年和 2015 年,嘉兴市文化局、市文化馆举办了多期培训,对县(市、区)文化馆(站)业务干部、文化下派员、文化管理员进行一系列业务培训。各县(市、区)也纷纷举办培训班,从政策法规、管理职责、群众文化技能等多个方面,采取集中授课、参观学习、技能比武、才艺表演等多种方式,让"两员"们进一步明确自己的工作职责,学到业务知识,有力地提升了"两员"队伍的整体素质。

嘉兴市基层公共文化"两员"队伍培训

(四)严格管理

文化下派员、村级文化管理员实施"县聘镇用、镇聘村用、协同共管"的双重管理模式。为充分发挥"两员"的工作效能,必须建立起这支队伍的日常工作制度,并对其工作情况进行有效的实时监督和绩效管理。如秀洲区宣传、文化、财政三部门联合下发了《秀洲区村(社区)文化专职管理员管理办法》,严格队伍管理，并在全区村（社区）文化专职管理员中开展"七个一"活动，提升村（社区）文化活动中心服务水平，形成群众喜爱的文化特色。海盐县对"两员"分别量身定制了《海盐县文化下派员"双重"管理考核办法》和《海盐县村（社区）专职文化管理员工作指导意见》，并积极引入现代科技手段，建立绩效管理云平台，设立了相应模块对"两员"进行绩效评估，探索实现管理工作的信息化、智能化和标准化。

三　成效

（一）提高了镇（街道）综合文化站的专业水平

县级文化馆向镇（街道）下派文化员制度的推动实施，有利于增加基层工作力量，加强业务指导，提升专业化水平，促进了基层文化服务的标准化、均等化。截至 2015 年 12 月底，文化馆向镇（街道）文化站下派文化员完成率达 100%。

（二）实现了村级文化设施建、管、用的长效机制

村级文化专职管理员的配备是解决当前基层文化设施利用率不高、群众参与率和满意度不高、活动开展不正常的有效途径，实现了基层文化管理员"专业、专心、专职"，有效地解决了公共文化服务"最后一公里"问题。截至 2015 年 12 月底，全市村级文化专职管理员配备已实现全覆盖。

（三）促进了基层群众文化活动的蓬勃开展

"两员"制度实施以来，大大提升了公共文化产品和服务的总量和质量。在"两员"的带动下，目前，全市各类业余文艺团队达 4000 多支，平均每个村（社区）3.6 支，参与的业余文体骨干

海盐县于城镇文化下派员在辅导排练节目

人数 5 万多人。实现了每个行政村每月看 1.1 场电影、每年看 5.3 场戏剧或文艺演出、每年组织 8 次以上规模较大的群众文体活动，促进了基层文化的繁荣发展。

　　点评：公共文化服务体系建设重心在基层，队伍是关键。嘉兴市"两员"制度创新，解决了长期以来基层文化队伍建设薄弱的问题，形成了镇级文化下派员"县镇共管"、村级文化专职管理员"镇村共管"的双重管理模式。文化馆（站）服务下移、管理上移，有效地解决了基层文化工作人员"不专职、不专业、不专心"的问题。通过"两员"上情下达、下情上传，推动公共文化服务与群众文化需求有效对接。

文化馆建立法人治理结构

一　背景

　　党的十八届三中全会通过的《中共中央关于全面深化改革若干重大问题的决定》明确要求推动公共图书馆、博物馆、文化馆、科技馆等组建理事会，吸纳有关方面代表、专业人士、各界群众参与管理。2014年，嘉兴市文化馆作为浙江省第一批公共文化事业单位法人治理结构试点单位，在市文化局的领导下，经过将近一年的筹备，于11月15日成立了嘉兴市文化馆理事会。理事会的成立，旨在发挥法人治理结构的实效，使文化馆高效地提供公共文化服务。但是，真正要把理事会决策管理职能落到实处，实现政事分开、管办分离，无论从文化单位决策者或是文化单位管理者来说，都有相当难度。如果没有壮士断腕的决心，没有从政治和全局高度来认识党中央决策的魄力，要成功创建理事会并且赋予其决策管理职能，都是难以想象的。在建立嘉兴市文化馆理事会的过程中，得到了文化部有关领导和专家的指导，也得到了浙江省文化厅的大力支持。根据嘉兴自身的特点，因地制宜，在广泛吸收和学习其他试点单位的经验后，形成了嘉兴的特色。

嘉兴市文化馆、嘉兴博物馆理事会成立大会

二 做法

（一）制定章程

制定《嘉兴市文化馆章程》，作为规范文化馆管理运行最高准则。章程在举办单位主持下制定审议稿，提交理事会审议通过，经举办单位审查同意后，报市事业单位登记管理局核准备案。

（二）理事会定位

理事会定位为决策机构，向举办单位负责并报告工作。管理层是执行机构，向理事会负责。监事会是监督机构，负责对决策、执行行为进行监督。涉及全体职工切身利益重大事项，应提请职工大会讨论审议后提交理事会研究决定。

（三）理事会组成

理事会由13人组成，其中，举办单位代表1名，文化馆主要负责人和职工代表各1名，县（市、区）文化馆、镇（街道）文化站、农村"文化礼堂"代表各1名，社会理事（包括专业人士、社会人士、群众代表等）7名。举办单位代表由其委派，各类机构代表由所在单位推荐产生，社会代表实行公开招募、举办单位审核产生。理事长由举办单位提名，经理事会审议通过产生，连任不超过两届。理事不因理事资格领取薪酬。

（四）一票否决制

举办单位委派理事拥有"一票否决权"，限于以下情况使用：理事会决议不符合国家法律法规及市委市政府政策文件规定，不符合财务管理、国有资产管理、物资采购及工程建设规定，不符合干部选拔任用条例和人事政策。

（五）监事会组成

监事会由3人组成，其中举办单位委派代表1人，文化馆党支部推荐1人，文化馆职工大会推荐职工代表1人。监事长由举办单位指定。理事会与监事会成员不得相互兼任。

（六）管理层组成

馆长由举办单位提名，其他主要管理人员由馆长提名，经举办单位党委考察，提交理事会审议通过后，按干部管理权限，由举办单位任免。

（七）信息披露

信息披露包括：章程；法人登记事项；机构设置、宗旨、业务范围、规章制度、工作动态、服务举措、服务情况等政务信息；民主决策、思想建设、组织建设、作风建设、反腐倡廉等党务信息；理事会、监事会和管理层组成、人员名单及其职责；年度工作计划、工作报告和重要事项信息；等等。

法人治理结构
试点工作手册

三 成效

第一，理事会成员吸收各级业务单位代表，特别是吸收了县区街镇文化馆（站）和"文化礼堂"的代表，这是与嘉兴市文化馆总分馆体系相适应的制度安排。

第二，规定了理事会成员中"外部理事占多数"，且理事不因理事资格获得薪酬的原则；同时，社会理事的招募办法体现了代表性、志愿性和专业性的统一，充分体现了现代治理理念，且与公共服务目标相一致。

第三，探索了"党管干部"和理事会决策机制的有机统一。管理层人选的任命，实现了提名权与审议权的分离，而提名以后的最终任命仍然需按现行干部管理权限由举办单位实施，由此体现了"党管干部"原则在法人治理结构、理事会决策架构下的实现方式。

第四，对举办单位理事"一票否决权"进行了限制，即只有在涉及国家法律法规及市委市政府政策、文件规定，涉及财务管理、国有资产管理、物资采购及工程建设的规定，涉及干部选拔任用条例和人事政策等情况时，才能行使这一权力。

第五，形成了"涉及全体职工切身利益的重大事项，应提请职工大会讨论审议后提交理事会研究决定"的机制，这是一种有特色的理事会和职工大会的协调共治机制。

点评：嘉兴市文化馆法人治理结构试点的探索有借鉴意义：一是理事会吸收了县、镇、村三级代表，与嘉兴市文化馆中心馆—总分馆体系建设相适应；二是外部理事采用公开招募的办法产生，实现了理事的代表性、志愿性、专业性相统一；三是干部任免由单一的举办单位任命变为举办单位和理事会的分权共治，探索了"党管干部"原则在法人治理结构下的实现方式；四是"一票否决制"既保障了政府对公共文化服务机构发展方向的管控，又防止了权力被滥用，符合我国国情，是推进法人治理结构的现实做法。

公共图书馆总分馆服务
体系标准化建设

一　背景

经过长期的探索和实践，公共图书馆总分馆制的"嘉兴模式"已经形成了有特色的制度设计、体系架构和管理方式。目前，总分馆体系在大嘉兴范围内已基本实现全覆盖的建设目标，正按照最初的规划进入常规运行状态。进一步的发展目标是如何完善管理制度、吸引更多社会公众利用图书馆、大幅度提升服务效能。这意味着，嘉兴的总分馆体系的发展面临一个新的临界点。

党的十八届三中全会提出，要推动基本公共文化服务标准化，以标准化促进均等化，这为嘉兴市图书馆总分馆体系的发展提供了一个思路和方向。

首先，嘉兴市在全市域已经基本完成公共图书馆服务体系的全覆盖建设任务，也就是说，从设施建设上已经达成了最初的服务体系建设目标。围绕设施建设的制度设计、具体做法、经验与教训等，通过全面的梳理，将成功的制度、政策与做法固化下来，形成标准条款，有助于维持总分馆服务体系持续发展的长效机制。

其次，以标准化促进均等化是一个长期的战略任务，总分馆建设解决了服务设施的均等化布局，但各级图书馆之间存在各种差异，尤其是乡镇、村等层级上的图书馆在管理水平、技术水平与服务水平与城市图书馆相比尚未达到真正意义上的均等化，城乡之间的差距仍然存在，有些方面的差距甚至十分明显。如何提升乡镇分馆、村级图书室的设施水平、管理水平、技术装备水平，最终达到提升服务水平的目的，这将是一个长期的发展方向。标准化是提升设施、管理、技术乃至服务水平的必由之路，这就是"以标准化促进均等化"的要义所在。

最后，标准化不仅是公共图书馆系统的一种内在需求，社会公众在利用图书馆的过程中，对图书馆的期望也在不断提高，他们希望获得更好的用户体验，包括更高品质的服务和更多样化的服务，图书馆要在社会生活中发挥它的作用，必须去迎合民众的这种期许，所以，标准化的推动力也来自社会公众。

二 做法

（一）顶层设计标准的框架体系

不论总分馆体系还是中心馆—总分馆体系，面对的都不是单一的公共图书馆设施或机构，因此标准化关注的重点也不是单体图书馆的运行、管理和服务，而是与整个服务体系密切相关的内容。在充分总结"嘉兴模式"的做法和经验的基础上，通过提炼而形成了标准的框架体系结构：（1）公共图书馆服务体系建设原则和目标；（2）公共图书馆服务体系的架构与功能；（3）公共图书馆服务体系设施建设标准；（4）公共图书馆服务体系资源建设与服务提供标准；（5）公共图书馆服务体系运行管理标准；（6）公共图书馆服务体系服务效能标准；（7）公共图书馆服务体系保障条件标准。

嘉兴市公共图书馆中心馆—总分馆服务体系标准

第一章 总 则

第一条 为进一步完善嘉兴市城乡一体化公共图书馆服务体系，提高服务效能，促进公共图书馆服务标准化、均等化，特制定本标准。

第二条 嘉兴市公共图书馆服务体系建设实行"政府主导、统筹规划，多级投入、集中管理，资源共享、服务创新"的原则。

"政府主导、统筹规划"，是指各级政府作为构建公共图书馆服务体系的责任主体，提出总体目标、设定建设标准，规划和推进相关工作。

"多级投入、集中管理"，是指在一个总分馆体系内分馆建设和运行保障经费由各级政府分担，总馆集中管理；分馆工作人员实行馆长由总馆下派，一般工作人员通过政府购买

图书馆中心馆—总分馆服务体系标准

在这一框架体系下，从内容上说，包含了标准的导则、服务保障标准和服务提供标准；从性质上说，既包含操作标准，也包含评价标准。

（二）科学确定标准的主要内容

在标准的框架体系结构确立后，对七个方面的具体标准条款进行梳理与论证，形成标准的具体内容。

1. 明确公共图书馆服务体系的责任主体。"政府主导、统筹规划，多级投入、集中管理，资源共享、服务创新"被概括为嘉兴公共图书馆总分馆建设的基本原则，这是在"嘉兴模式"创造和形成过程中逐步总结和提炼出来的，是嘉兴总分馆体系建设的基本遵循，也体现了嘉兴总分馆体系的突出特色。建立总分馆标准，首先应把建设原则纳入其中。

"政府主导、统筹规划"，明确了各级政府是构建嘉兴公共图

书馆总分馆体系的责任主体，承担着提出总体发展目标、设定建设标准，规划和推进相关工作的责任。

"多级投入、集中管理"，是在一个总分馆体系内，分馆的建设和运行保障经费由各级政府分担，总馆集中管理。这是嘉兴探索的与现行财政、行政体制相适应的公共图书馆总分馆经费保障机制，既体现了总分馆体制人、财、物统一的本质特征，又与实际情况基本适应，是体现"嘉兴模式"特色的重要因素。

"资源共享、服务创新"，是指在一个总分馆体系内，统一服务政策，文献通借通还，数字资源联合采购，阅读活动区域联动；同时要拓展服务空间，丰富服务内容，创新服务手段，打造服务品牌。

建设原则明确了总分馆体系建设的责任主体，明确了管理和运行方式，落脚到实现资源共享、物尽其用，丰富服务内容，创新服务手段，起到了指方向、明目标的作用。

2. 明确中心馆与总馆的主要功能。明确中心馆与总馆主要功能的重要性在于，这是对总分馆体系的服务主体所承担的功能与责任的界定。在总分馆服务体系中，中心馆、总馆是两种不同的服务主体，各自具备不同的功能，这种功能需要由实体图书馆来承担。中心馆、总馆的功能，是总分馆制的特有问题。

一个县域范围内的图书馆组成一个服务体系，处于核心位置的总馆需要承担什么主要功能？总结嘉兴市图书馆总分馆的实践经验，主要有七大功能：（1）编制本地区公共图书馆总分馆服务体系建设规划；（2）统一文献资源的采购、加工、配置，实行通借通还；（3）统一服务规范与业务标准；（4）打造全民阅读品牌，开展区域性阅读活动联动；（5）指导、监督和支持分馆运行与服务；（6）下派分馆馆长，培训业务人员；（7）考核分馆管理与服务绩效。

在"大嘉兴"五县二区的范围内，嘉兴市图书馆和6个县域总分馆体系构成"中心馆—总分馆"体系，嘉兴市图书馆承担中心馆的功能。根据嘉兴的实践，中心馆的主要功能包括：（1）规划全市公共图书馆事业建设和发展；（2）指导与支持全市公共图书馆业务建设和运行；（3）组织与协调全市公共图书馆人员培训和队伍建设；（4）指导与统筹全市公共图书馆服务创新实践和研究；（5）统筹全市图书馆数字资源建设与服务。

比较中心馆和总馆的功能，可以看到二者的区别。中心馆是一种将那些以县域为地域单元的总分馆体系联结起来的机制，目的是实现公共图书馆服务超越总分馆体系、打破分灶财政形成的行政管理的壁垒，通过在"大嘉兴"范围内资源的互联互通实现更彻底的资源共享。

3. 明确标准的量化指标和基本制度。嘉兴的总分馆建设已经形成了一系列有关设施、资源、服务、保障的量化指标，创立了诸多保障和促进总分馆运行与发展的政策或制度。建立总分馆标准，应全面系统地总结、提炼、固化主要指标和基本制度，使标准真正发挥规范和促进总分馆建设与发展的作用。纳入公共图书馆总分馆体系标准的指标主要有三类：（1）设施建设指标，如设施数量、规模面积等。设施数量按照服务人口来确定，国际国内有可供参考的指标，其基本原则是：以国际或发达国家的标准为参考，设施分布水平高于国内东部的平均水平。（2）资源配置指标，如人均藏书量、人均年新增藏书量、分馆报刊数量等。在确定乡镇分馆和村级分馆资源配置的最低标准时，基本原则是：要高于国内东部地区的平均水平。由于人均藏书量是一个相对静止的指标，大型图书馆通过购买新书和旧书剔除来更新藏书，而乡镇和村级分馆是通过图书流转来更新，因此，标准中的人均藏书量是一个动态指标。（3）服务效能指标，如目标人群覆盖率、文献流通率、数字资源利用率、年人均到馆次数、全民阅读活动参与人次等。

纳入公共图书馆总分馆体系标准的基本制度主要有两类：（1）运行管理制度，如"四会"制度（市长联席会、市县文化主管部门例会、中心馆—总馆馆长例会、分馆工作协调会）。（2）人员经费保障制度，如分馆馆长下派制度、分馆人员配置制度、从业人员业务培训制度、多级投入集中使用制度等。

三　成效

在示范区创建过程中，嘉兴市落实党的十八届三中全会以标准化促进均等化的精神，最终制定出台了《公共图书馆中心馆—总分馆服务体系标准》，全面系统地梳理、总结、提炼了嘉兴公共图书馆总分馆建设的基本做法、基本经验，促进了总分馆建设的标准化，成为嘉兴公共图书馆中心馆—总分馆服务体系提高综合服务效能、规范内部管理的有力保障。

点评：嘉兴的公共图书馆总分馆建设已经有近十年的实践，成为国内的代表性模式之一。怎样让嘉兴的做法、经验具有更好的操作性、复制性和示范性？嘉兴按照以标准化促进均等化的思路，研究制定了《嘉兴市公共图书馆中心馆—总分馆服务体系标准》，这是国内第一个总分馆建设的专门标准。对嘉兴来说，它是固化建设经验、规范建设行为、提高建设质量的有力举措；对全国来说，它提供了一个借鉴、复制嘉兴总分馆实践经验的示范样本。

统筹农家书屋发展的嘉兴探索

一　背景

农家书屋工程是中央提出的五大文化惠民工程之一，自 2008 年以来，嘉兴地区按照国家新闻出版总署要求，不断推进"农家书屋"工程建设，2012 年实现了地区全覆盖。全市共配备 43 万余册、3600 多种图书，每个书屋配备规定的 1000 册以上图书、不少于 100 种的音像制品。农家书屋在满足农村群众文化需求方面起到了一定的作用，但因资源数量少、各村点种类基本相同、更新缓慢，且管理手段落后，很难在我国东部发达地区农村起到引领农村居民阅读的作用。

近年来，嘉兴市委市政府大力实施文化兴市战略，坚持以"城乡一体、普惠均等"为原则，初步构建了覆盖城乡、较为完善的公共图书馆服务体系。2013 年，嘉兴地区成功获得创建国家公共文化服务体系示范区资格，以此为契机，大力发挥公共图书馆服务体系建设的经验和优势，全面开展公共图书馆与农家书屋系统资源整合、统筹发展，依托公共图书馆在文献资源上的优势，集合应用移动计算和大数据分析等最新信息技术手段，进行融合共建，大大提升了农家书屋的信息化水平，实现了与公共图书馆系统的通借通还，从而为提高农家书屋服务效率、优化馆藏结构、降低建设运行成本、辅助管理等方面起到了重要作用，标志着嘉兴市农家书屋运行模式由以前的单打独斗，转变为区域公共文化服务体系中的一个重要环节。

二　做法

（一）建立农家书屋书目数据库

嘉兴市图书馆、各县（市）公共图书馆各购置两台服务器（一主一备），建立、运行本县（市）农家书屋图书自动化管理系统。基础条件不成熟的县（市）公共图书馆可以依托嘉兴市图书馆搭建的农家书屋系统进行建设，待条件成熟后，可以自行迁移。将各县（市）农家书屋手工登录的图书通过外包加工形式，按《中国图书馆图书分类法》、《图书著录标准》等国家标准统一分编加工，建立书目数据库。通过将各县（市）市民卡作为读者卡全部纳入，或通过行政村向每个住户免费发放一张公共图书馆借书证的形式，建立统一的读者数据库。

（二）实现农家书屋和公共图书馆书目数据库前台统一检索查询、通借通还

公共图书馆和农家书屋既有相似之处也有不同之处，它们相同目标都是为解决城乡群众读书难这一问题，通过增加城镇农村文化服务总量，来缩小城乡文化发展差距；不同之处在于，两个系统分别由两个不同的主管部门负责建设运行，财产权相对独立，难以彻底融合。因此，公共图书馆和农家书屋只能是既独立又联合地进行整合。即呈现在读者面前是一套完全融合的系统，读者可在任何一个"农家书屋"和公共图书馆服务点进行通借通还，使两种不同财产属性的图书能够顺畅流通；在财产审计、管理和管理员操作层面上仍为两个系统。

1. 农家书屋和公共图书馆系统整合建设的技术实现。嘉兴地区各公共图书馆之间的关系是既相对独立，又整合成一体，具备联合目录和通借通还的功能。各个公共图书馆的行政管理和财产权都归各自所有，但业务却紧密相连，以"联邦制"的形式整合在一起，具有高内聚、低耦合的特性。通过借鉴这种成熟的架构模式，把"农家书屋"作为一个整体，即一个市（县）公共图书馆整合进入现有公用图书馆系统共同建设。"农家书屋"图书自动化管理系统也通过"联邦制"的形式整合到现有公共图书馆系统平台上，这样两大系统平台既相对独立，又能实现相互间数据交换。

农家书屋与图书馆系统资源整合标识

2. 农家书屋与公共图书馆书目资源的整合。将各市、县农家书屋书目数据库与公共图书馆系统的书目数据库进行互操作整合，实现同一平台查询和套录，实现联合目录的功能。

（三）采用移动客户端 APP 进行农家书屋日常管理

政府出面统一向运营商购买或租用符合技术要求的智能移动终端，按要求集成"农家书屋"移动客户端 APP，并租用移动运营商的 3G 网络，实现借书、还书、办证等操作。智能移动终端一次性投入只需 800 元左右，按 500M/30 元每月包月计算，一年租用 3G 网络费用为 360 元。

三　成效

（一）一卡通行，通借通还

农家书屋与公共图书馆系统整合建设后，两个系统之间已不存在鸿沟，农家书屋和公共图书馆的任意一张借阅证，都可以在系统中进行借还操作。农家书屋的图书可以通过借阅流转到公共图书馆，同样公共图书馆优秀的馆藏图书也能畅通无阻地流通到农家书屋，这对农家书屋现有藏书书目结构的调整，起到了至关重要的作用。

（二）数字阅读，全天候服务

农家书屋受制于场地、人员等条件的影响，不可能做到 24 小时不间断服务，而数字阅读就能很好地弥补其开放时间的不足。由于农家书屋和公共图书馆系统的整合建设，其持证读者就能便捷地使用公共图书馆的数字资源，例如嘉兴数字图书馆、手机图书馆和市民学习中心等数字资源平台。广大农村居民能随时随地享受到移动阅读带来的便利，同时数字平台上的农业视频也能助其扩展视野，增加知识面。

秀洲区新塍镇洛西村图书分馆

（三）技术创新，降低成本

嘉兴地区虽然地处东部沿海经济发达地区，但是农村的经济发展参差不齐。以传统方式新建村级图书流通点的基本硬件配置来计算，整合一个"农家书屋"需要添置一台计算机，若干网络设备，合计需要一次性投入约4000元，并且每年还要支付有线互联网宽带租赁费约800元。对于村级集体支出来说是一笔不小的额外开支。这次"农家书屋"的整合建设采用移动客户端APP加智能移动终端的模式进行。智能移动终端一次性投入只需800元左右，一年租用3G网络费用为360元（免前两年费用）。与传统计算机加有线网络模式相比，移动终端加3G网络模式使用更加便捷灵活，服务手段更趋多样化。这样，按嘉兴市本级200个"农家书屋"点来计算，采用智能移动终端模式整合建设初期投入可节省60万元左右，年运行费用可节省16万元左右。

（四）延伸和拓展了公共文化服务的末端

两个系统的整合，为农家书屋这一座座"文化孤岛"架设起了图书流通桥梁，实现了跨系统流转，双方都扩大了服务半径，促进了"农家书屋"科学化管理，使其能充分挖掘和发挥出应有的社会效益，实现可持续发展。

点评：怎样实现农家书屋与公共图书馆服务体系的统筹与融合发展？嘉兴的做法接地气、有创造、可复制。农家书屋书目管理的计算机化，是农家书屋资源进入共知共用体系的前提；农家书屋书目数据库和公共图书馆书目数据库后台相对独立、前台互联互通，是与现行管理体制相适应的创造性的做法；农家书屋基层点日常管理的移动化，既降低了信息化改造成本，又实现了跨越式发展。嘉兴创造的农家书屋与公共图书馆服务体系融合发展之路具有广泛的推广价值。

打造图书馆乡镇分馆升级版

一　背景

为了解决由于城乡二元结构形成的农村图书馆服务长期缺失的状况，2007 年嘉兴市图书馆探索性地创建了第一个乡镇分馆——大桥分馆。到 2014 年，乡镇分馆大多已整整运行了五年，除了馆舍与设备正常老化与损耗外，当初的建设理念是解决"从无到有"，因而大多数分馆的建设标准都属于基本保障型。近年来，在国家公共文化事业大发展大繁荣的背景下，国内公共图书馆事业发展很快，快速发展的事业也带动了民众对高品质图书馆服务的需求。大多数城市图书馆的馆舍与硬件环境陆续得到提升，随之也带动了图书馆服务功能的提升。但乡镇这一级别的小型图书馆绝大多数仍停留于保障基本需求状态，因而馆舍舒适度差且毫无美感可言，硬件配置低，无法满足需求。为了满足乡镇居民日益增长的对高品质图书馆服务的需求，启动了嘉兴市本级乡镇分馆升级改造工程。

升级版的乡镇分馆，一是馆舍环境升级了，从过去保障型环境升级到休闲型环境，大大增加了环境的舒适性；二是硬件设备升级了，从保障基本功能升级到以自动化为核心的现代化管理系统和装备，以适应更多的社会需求；三是服务功能升级了，由以前的以借阅为主的传统服务升级到文献借阅与读者活动齐头并进、更重视阅读推广、支持数字阅读的现代图书馆服务模式。可以说，升级版的乡镇图书馆，除了规模无法与嘉兴市图书馆相比，在内涵与功能上，几乎等同于嘉兴图书馆的缩微版。

二　做法

（一）升级工程从试点开始

按照乡镇分馆建设的经验，升级工程也采取先试点再推广的方式。试点选择了秀洲区的洪合分馆，选择的时机是洪合分馆面临搬迁，于是就利用这一契机完成新馆的升级改造。延续总分馆体系的建设机制，由嘉兴市图书馆负责试点工作的规划与实施。升级后的洪合分馆由于其环境的舒适性、功能的多样性、服务的便捷性而大受当地老百姓欢迎，这意味着试点获得成功，为其他乡镇分馆的升级提供了一个现实的、成功的样板。

（二）充分利用制度保障功能

"政府主导、统筹规划、多级投入、集中管理"这一制度顶层设计在嘉兴总分馆体系建设阶段起到了关键作用，在总分馆体系完成全覆盖的建设任务后，这一制度的常态主要集中在"多级投入、集中管理"上了，这意味着，在资金持续保障的前提下，总分馆体系的运行主要依赖总馆的专业化管理，这是制度设计时对"专业话语权"的一种确认。

由于"多级投入"所保障的每一乡镇分馆的运行经费由总馆来决定它的使用，总馆对每年每个分馆30万元的运行经费有一个使用安排，其中包含设备的更新升级以及馆舍的维修费用。每年的这笔费用除了满足日常的设备维修等费用外，结余部分就作为专项资金存留在专门账户里，正是有了这笔专项资金，升级改造工程才得以实施。

嘉兴市图书馆洪合镇分馆二楼借阅区

（三）将馆舍空间改造作为升级工程的基础

升级版的乡镇分馆必须要有显示度，只有空间的变化才能显著表达升级的效果。空间改造要达到的效果：一是提升空间的舒适性和美感，以满足今天的老百姓对高品质生活的追求；二是形成专门的儿童阅读空间，并配备儿童阅读活动所需要的装备，如活动式小舞台、游乐区等；三是儿童阅读空间要有儿童特色，如色调鲜亮，充满童趣，同时还要兼顾安全性，桌椅是儿童专用的。

（四）用现代信息技术全面装备乡镇分馆

改造前的乡镇分馆不能说没有现代信息技术的装备，但囿于当时的条件，仅仅装备了计算机终端、宽带网络、门禁系统等基本设备，这样的装备水平仅能支持文献借阅、上网查询以及总分馆之间的业务联系、读者到馆计数等需要，远没有达到现代化图书馆应有的水平。升级工程的规划理念是，每一个乡镇分馆应该具有独立运行的图书馆的主要功能。升级工程为乡镇分馆配备的新装备包括：（1）RFID 自助借还系统；（2）电子书借阅机及数字阅读体验区；（3）触摸式电子屏；（4）视障人士"阅读"设备——阳光听书郎；（5）小舞台及音响设备。

升级版乡镇分馆在硬件设备上已基本达到与总馆相同的水平，这意味着乡镇居民也享受到了与城市居民同等水平的图书馆服务。

（五）借硬件升级之机全面升级服务功能

升级前的乡镇分馆，基本上以文献借阅为主，虽然近年来也适当开展一些读者活动，但受到馆舍环境、硬件等条件的限制，每年也仅仅是点缀式地搞一点活动，离现代图书馆应该具有的功能相差甚远。升级版的乡镇分馆与总馆服务联动、活动联动，也逐渐步入大型图书馆的服务状态——服务活动化，活动常态化、制度化。概括起来，升级版乡镇分馆新增如下功能：

（1）儿童阅读推广活动：亲子阅读、绘本故事会、互动游戏、儿童表演等；

（2）政府信息查询；

（3）数字阅读体验与外借：可外借移动阅读设备、可用手机或其他移动阅读设备下载电子书；

（4）文献借阅新增了文献预约、馆际互借等服务；

（5）读者活动：展览、培训、讲座、阅读活动。

（六）以升级改造带动管理升级

馆舍改造了，硬件升级了，服务就必须升级，而服务的升级则要求管理必须升级。

嘉兴市图书馆新塍镇分馆少儿阅览区

（1）提高对乡镇分馆工作人员的业务要求，他们必须具备在新馆舍、新装备、新服务的环境下所具备的业务技能；

（2）总馆在部署全年阅读活动时，把总分馆体系作为一个整体予以考虑，做到日常服务与读者活动总分馆联动，极大地促进了分馆人员的业务水平。

三　成效

（一）社会效益显著

升级版的乡镇分馆所显现的社会效益是全方位的：首先，得益于民众对场馆的认同感提升，人们比以前更愿意到图书馆来，尤其是周末和节假日，到馆人数大大增加。其次，读者活动的增加也吸引了更多的居民。2014 年乡镇分馆整体效益比前一年明显提升。

（1）办证：共办理新证 10462 张，比前一年同期增加了 4925 张，增长 88.9%。

（2）外借：59.343 万册次，比前一年同期增加了 20.7187 万册次，增长 53.6%。

（3）数字阅读：由于统计数据无法区分读者归属地，故无法获得乡镇分馆数字阅读的数据，但 2014 年嘉兴的数字资源访问量达到 794 万次，比 2013 年同期增加 177 万次，在一定程度上能反映乡镇分馆升级后在数字阅读方面取得的成效。

（4）读者活动：读者活动 384 场次，比前一年同期翻了一番。

（二）新功能发挥作用

新增功能大受欢迎，如数字资源外借，让从未接触过数字阅读的人开始用手机阅读，这是推动全民阅读的新途径；再如儿童阅读，绘本阅读区大受小朋友的喜爱，儿童故事会成为许多小朋友每周必来图书馆的原因；电子屏成为老人读报的新方式，也使政府信息查询更加方便；阳光听书郎满足了视障人士的阅读需求。

（三）农村阅读推广效果明显

由于升级后的乡镇分馆环境舒适度提升，再加上有专门的阅读活动区域，乡镇分馆借势大力开展阅读推广活动。根据国外小型图书馆将儿童作为重点服务人群的经验，升级后的分馆，儿童阅读活动成为服务的重点与亮点，而市本级统一的儿童阅读活动品牌——禾禾，也以更大的力度在所有乡镇分馆联动展开，大大提升了禾禾的品牌知名度与参与度。此外，分馆的培训活动、讲座（与总馆共享讲座资源）活动也受到当地百姓欢迎。2014 年，嘉兴市本级乡镇分馆共有近 7 万人次参与了各种读者活动，乡镇分馆成为推动农村阅读的一支重要力量。

　　点评：快速发展的公共文化服务建设，带动了公众对高品质图书馆服务的需求。几年前建成的基本保障型的乡镇分馆，无论是硬件配置还是服务水平，都难以适应现代发展需求。嘉兴市率先开展乡镇分馆升级改造，可示范、可推广。一是路径明确：从馆舍环境着手，从过去保障型环境升级到休闲型环境，以增加环境的舒适性；从硬件设备着手，从保障基本功能升级到以数字化为核心的现代管理系统和装备，以适应更多样化的公众需求；从服务功能着手，由以借阅为主的传统服务升级到文献借阅与读者活动齐头并进、阅读推广和数字阅读重点推进的服务模式。二是思路清晰：延续总分馆建设思路，试点先行、制度保障、专业指导、以点带面，确保升级工程顺利实现。

文化礼堂：基层综合性文化
服务中心的嘉兴实践

一　背景

建设集宣传文化、党员教育、科学普及、普法教育、体育健身等功能于一体的基层综合性文化服务中心，是党的十八届三中全会提出的重点改革任务。2015 年 1 月，中办、国办印发的《关于加快构建现代公共文化服务体系的意见》也对此提出了明确要求。

近年来，嘉兴市持续加大基层公共文化设施建设力度，把更多资源向基层倾斜，公共文化设施网络建设成效明显，基层公共文化设施条件得到较大改善，公共文化服务城乡一体化、均等化水平不断提高。但也要看到，随着经济社会的发展和物质生活水平的提高，基层群众的精神文化需求呈现出多层次、多元化特点，现有的基层文化设施和服务已难以满足广大人民群众的实际需要。一是基层特别是农村公共文化设施总量不足、布局不合理；二是面向基层的优秀公共文化产品供给不足；三是由于缺少统筹协调和统一规划，公共文化资源难以有效整合，基层公共文化设施功能不健全、管理不规范、服务效能低等问题较为突出。

因此，自 2013 年起，嘉兴市按照中央关于"建设综合性文化服务中心"的部署和要求，紧密结合浙江省"文化礼堂、精神家园"建设，把农村文化礼堂作为基层综合性文化服务中心建设的工作抓手，统筹规划、盘活存量、整合资源、创新服务，着力打造基层弘扬核心价值的新平台、展示美丽乡村的新窗口、传承优秀文化的新载体、普及科学知识的大课堂、开展文体活动的主阵地，打通公共文化服务"最后一公里"。目前，全市已建成农村文化礼堂354家。

二　做法

（一）统一规划部署

嘉兴市委办、市政府办印发了《关于推进我市农村文化礼堂建设的实施意见》（嘉委办发〔2013〕90号），对全市农村文化礼堂建设作出全面规划和部署，力争通过五年努力，以有场所、有展示、有活动、有队伍、有机制为基本标准，在全市50%以上的行政村建成一批集学教型、礼仪型、娱乐型于一体的农村文化礼堂。同时，成立由党委政府分管领导任组长的领导小组，形成党委政府统一领导、宣传文化部门牵头抓总、相关部门密切配合、各县（市、区）推进落实的工作格局。制定出台了《嘉兴市市本级农村文化礼堂建设奖补办法（试行）》，每个样板村建设性补助20万元，重点村、经济薄弱村10万元，并根据实际建成、运行情况等，每年给予工作性奖励1万—2万元。

（二）规范建设标准

嘉兴市农村文化礼堂主要包括"两堂五廊"和文体活动场所。"两堂"即文化礼堂和道德讲堂，礼堂建筑面积一般不少于200平方米，配建舞台，配备必要的灯光、音响等设施，能够满足群众举办各类仪式活动等功能需求；讲堂面积一般不少于50平方米，

嘉善县和合村文化礼堂

配备必要的桌椅、电教设备，共享共用。"五廊"包括村史廊、民风廊、励志廊、成就廊和艺术廊，展示村情，彰显特色。文体活动场所包括文化活动室、广播室、农家书屋、电影放映场地、文化信息资源共享工程基层网点、体育活动设施等。农村文化礼堂可建成综合一体式，也可建成分散组合式，不搞大拆大建，重在盘活用好已有基层文化场地设施。

（三）明确"综合"事项

嘉兴市按照中央部署，把整合基层宣传文化、党员教育、科学普及、普法教育、体育健身等设施视为规定动作，在此基础上，鼓励各村结合当地群众需求特点形成特色。如南湖区支持文化礼堂组织村民合唱团队，秀洲区鼓励文化礼堂开展农民画技能培训。

（四）配齐人员队伍

嘉兴市以政府购买劳务的方式，由各级财政共同保障、分级负担，为每个村（社区）配备一名村级专职文化管理员，年度工资水平不低于3万元（具体标准由各地根据当地的全社会职工平均工资水平制定），包括为其按照规定缴纳的社会保险。村级专职文化管理员实行"镇聘、村用、共管"的模式，由镇（街道）文化站统一招聘、聘用，下派至各村（社区）工作，服务期内接受文化站、村民委员会的双重管理和考核，实现了农村文化礼堂阵地有人管、团队有人带、活动有人办的长效机制。同时，加强文化指导员、文化志愿者队伍建设，不断发展壮大基层文化人才队伍。

农村文化礼堂文艺演出暨乡村文化艺术周开幕式

（五）提供运行支撑

由市文化部门牵头，联合市相关部门、市属公共文化单位和县（市、区）推出文化礼堂服务菜单，来自各种渠道、可选可点的238项服务，送到基层乡村。为文化礼堂量身定制文化服务产品，开展"百名专家联百村"、"春耕、夏种、秋收、暖冬"四季行动、村歌大赛、排舞大赛、非遗传承等活动，受到了群众的普遍欢迎。试点推行"村民议事制度"，建立了统一的管理制度、服务规范等，让百姓直接参与文化礼堂项目服务的决策、监督和管理。

三　成效

（一）整合资源，强化末端

嘉兴市以农村文化礼堂为代表，推进基层综合性文化服务中心建设，整合分布了在不同部门、分散孤立、用途单一的基层公共文化资源，实现人、财、物的统筹使用，共建共享。同时，在原有农村文化活动设施的基础上实现了提档升级，完善了设施网络，补齐了基层短板，强化了服务体系末端，提高了基层公共文化服务的标准化、均等化水平。

（二）增加供给，提升效能

文化礼堂主要向农村群众提供文艺演出、读书看报、广播电视、电影放映、文体活动、展览展示、教育培训等基本公共文化服务。嘉兴市通过理念创新、服务创新、制度创新、方式创新，着力做好文化礼堂"建、管、用"文章，建立长效机制，增加了基层公共文化产品和服务供给，有效对接群众文化需求，丰富群众精神文化生活，提高了公共文化服务效能。

（三）促进和谐，引领风尚

文化礼堂旨在构建农村群众的精神家园，发挥基层综合性文化服务中心传播和弘扬社会主义核心价值观、引领社会文明风尚的重要职能。嘉兴市在农村文化礼堂建设中，紧密结合党和国家的重大改革措施及惠民政策的宣传教育、中国梦主题实践、中华优秀传统文化弘扬传承，广泛开展道德宣讲、文明礼仪、艺术普及、全民阅读、展览展示等群众喜闻乐见的文化活动，因地制宜，寓教于乐，不断提高群众的综合素质，弘扬了乡风文明，促进了社会和谐。

"文化礼堂"这一基层综合性文化服务中心建设的嘉兴样板，实现了农村文化阵地"建得好、用得上、活起来"，真正让村民身有所向、心有所依、凝神聚气。

点评： 嘉兴市以"文化礼堂"为载体，全面推进基层综合性文化服务中心建设，其间启示良多，关键在三点：一是以人为本、村民自主。充分尊重村民群众的主体地位，把决策权、选择权、管理权直接交给群众。二是因地制宜、彰显特色。村庄人文风貌、村民艺术偏好、村俗礼仪道德，其实就是文化的凝聚力、感召力，保护、发掘当地特色，其实就是求真向善趋美。三是盘活存量、巧做增量。不搞大拆大建，重在盘活用好原有场地设施、整合集成各路资源，在此基础上，以平台、人才、资金等要素支持方式及量身定制的优质产品提供增量支持。这样打造百姓精神家园的方式，可复制、可推广。

"新居民"公共文化服务

一　背景

随着我国改革开放和工业化、城镇化进程的不断加快,外来人口已成为现阶段推动经济社会发展的重要力量,在统筹城乡发展、促进工业化和城镇化中发挥着不可替代的作用。外来人口在嘉兴被称为"新居民",体现了一座城市对外来建设者的包容和人文关怀。

嘉兴现有新居民 220 万人,与户籍人口比达 0.62:1。全市有16 个镇(街道)、158 个村(社区)的新居民数量已经超过了户籍人口。据不完全统计,嘉兴有 50% 以上的产业工人、80% 以上的三产服务业人员来源于新居民。他们是城市建设和发展的重要参与者、贡献者,关心新居民精神文化需求、维护和保障基本文化权益、促进新居民城市融入是公共文化服务的题中应有之义和必然要求,对于提升新居民综合素质、维护公平正义、促进社会和谐,增强新居民的获得感和幸福感具有重要作用。

示范区创建以来,嘉兴市深入贯彻《国务院关于进一步做好为农民工服务工作的意见》(国发〔2014〕40 号),中办、国办《关于加快构建现代公共文化服务体系的意见》(中办发〔2015〕2 号)精神,整合服务资源、创新服务方式、提高服务效能,进一步做好新形势下为新居民文化服务工作,着力保障新居民基本文化权益，促进社会融合。

二　做法

（一）政府主导，纳入体系

嘉兴市专门成立了新居民事务局，加强对新居民的管理服务工作。把新居民纳入城镇公共文化服务体系建设规划，落实《嘉兴市基本公共文化服务实施标准（2015—2020年）》，设施项目、经费保障和资源配置充分考虑辖区内新居民的文化需求。每年将新居民文化建设目标任务列入全市新居民管理服务年度工作要点，将重点工作纳入新居民管理服务考核指标体系，指导和督促各地开展新居民公共文化服务。研究制定相关政策措施，积极参与国家公共文化服务体系示范区创建，促进新居民平等享受城镇基本公共文化服务，共享文化发展新成果。

（二）免费开放，提高效能

加大公共文化设施向新居民免费开放力度，制定出台标准，以标准化促进均等化。1个中心馆、6个市县总馆、59个镇（街道）分馆、88个村（社区）分馆、400多个流通站构成的公共图书馆服务体系，均实现一卡通行、通借通还，并开通了数字图书馆、手机图书馆、24小时自助图书馆等，为广大新居民提供了优质高效、普遍均等的公共图书馆服务。文化馆、博物馆、美术馆等36个市县场馆、73个镇（街道）文化站、1170个村（社区）文化活动中心（室）常年开展文艺演出、艺术培训、展览展示、文体娱乐、影视播放、图书阅览等适合新居民参与的丰富多样的文化活动，较好地满足了其基本文化需求。图书馆、文化馆、博物馆等都开展了富有特色的面向新居民的服务项目，提高了新居民的参与度和满意度。

（三）创新服务，对接需求

以"文化有约"为平台，整合各类公共文化场馆资源，开展"菜单式"预约、组团式供给，提供免费培训、辅导、演出、讲座、展览、场地等公共文化服务，有效对接新居民文化需求。在新居民集中的区域和企业开展流动电影放映、图书流通点和汽车流动图书馆服务点设置工作，为新居民提供便捷的图书阅览、工余观影等服务活动。开展新居民文体活动示范点建设，选择一批新居民较为集中、基础条件好、活动丰富、成效突出的单位设立示范点，以点带面推动新居民文体活动全面开展。打造"帮兄弟回家"服务品牌，帮助新居民进行网购火车票、网上预约就医、网上开店及计算机基础知识等方面的操作培训，提高新居民的信息素养。

（四）开展活动，彰显特色

每年举办新居民文化艺术节，通过开展文艺演出走进基层新居民、"我的嘉兴故事"征文比赛、"迎国庆新居民歌唱新家园"比赛、新居民乒乓球比赛、"美丽嘉兴五水共治"新居民摄影比赛等一系列活动，丰富活跃新居民文化生活，提升新居民艺术修养。组织开展新居民"读书月"活动，以"阅读·进步·圆梦"为主题，进一步激发全市新居民的阅读热情。以"春节"、"中秋"、"端午"等传统节日为重点，举办"融入新家园·共创幸福城"新居民迎春书画作品展、新居民迎春联欢、向新居民赠送文化礼包、为新居民写春联送祝福、清明祭奠先烈主题活动、新居民包粽子、庆端午专场文艺演出等活动，进一步丰富新居民的精神文化生活。

嘉兴市新居民乒乓球比赛

嘉兴市新居民"庆中秋·迎国庆"歌唱比赛

（五）搭建平台，促进融入

充分发挥新居民文艺骨干的积极作用，吸收具有文艺特长、热心公益的新居民文化人才，组建了 27 支新居民艺术团队，深入社区、企业、市场等，为新老居民开展文艺演出，宣传政策法规，营造良好氛围。2015 年，成立了嘉兴市新居民书画家协会，极大地激发了新居民参与书画创作交流的热情。开展新居民"道德讲堂"建设，以 60 个新居民"道德讲堂"为节点，通过爱岗敬业、勤于学习、乐于奉献、明礼诚信等重点内容，大力宣传身边新居民的道德典型事迹，不断增强道德判断力和荣誉感。开办《新居民》杂志、《海宁新居民报》、《海盐新居民驿站直通车》等平面媒体和"异乡新家园"、"人在嘉善"等电台专栏，为新居民提供文化宣传和交流平台，促进新居民逐步融入城市生活。

三　成效

（一）提高了基本公共文化服务均等化水平

嘉兴市把新居民文化服务工作作为促进基本公共文化服务均等化的重要内容，通过统筹城乡公共文化设施布局、服务提供，把新居民基本公共文化服务纳入全市公共文化服务体系，积极开展面向新居民的富有特色的服务项目，使新老居民能够平等享有城镇基本公共文化服务，有效地推进了公共文化服务均衡发展。

（二）保障了新居民的基本文化权益

近年来，新居民的基本文化权益越来越受到各级党委政府的关注和重视。但总体而言，新居民的业余文化生活相对单调匮乏，普遍期望能够享受到更多公共文化服务。嘉兴市通过整合资源、加大免费开放力度，创新方式、加强数字文化服务和流动文化服务，举办活动、丰富新居民的精神文化生活，有针对性的公共文化产品和服务供给的总量、质量不断提升，有效地对接了新居民文化需求，保障了他们的基本文化权益。

（三）建立了新居民公共文化服务协调机制

嘉兴市以国家公共文化服务体系示范区创建为契机，加强组织领导和统筹协调，建立健全政府领导、文化部门牵头、有关部门配合、社会力量参与的为新居民文化服务工作机制，发挥整体优势，优化资源配置，提升综合效益，推动形成了新居民公共文化服务的工作合力。

（四）加快了新居民城市融入，促进社会和谐

嘉兴依托公共文化设施和文化惠民工程积极开展政策解读、科学普及、法制宣传等服务，引导新居民树立社会主义核心价值观，形成积极向上的精神追求和健康文明的生活方式。同时，加强对新居民的人文关怀，搭建新老居民交流交往的平台，促进新居民融入城市生活，构建和谐新家园，激发了新居民建设第二故乡的热情。

点评：农民工已成为我国产业工人的主体，是推动国家现代化建设的重要力量，为经济社会发展做出了巨大贡献。嘉兴市把农民工称为"新居民"，体现了一座城市对外来建设者的包容和人文关怀。不仅如此，嘉兴市还高度关注和重视新居民的精神文化生活，"以文化人、以文育人"，把新居民文化建设纳入全市公共文化服务体系，因地制宜，创造条件，开展丰富多样的文化活动，逐步建立起政府主导、企业共建、社会参与的新居民文化工作机

制，不断提高公共文化服务均等化水平，新居民的基本文化权益得到有效保障。同时，也加快了新居民的城市融入，促进了社会和谐。

文化志愿服务制度化建设

一　背景

嘉兴市的文化志愿服务，在服务中心、服务社会、服务民生等方面发挥了积极有效的作用，为建设"两美"嘉兴、"两富"现代化和创建全国文明城市做出了应有的贡献。嘉兴市文化志愿者服务秉承"奉献、友爱、互助、进步"志愿精神，以"传播先进文化，服务群众需求"为宗旨，以体制机制建设、项目品牌建设、服务城乡一体化为切入点，动员全市文艺家和广大文艺爱好者广泛参与各种社会公益文化服务活动，扎实推进文化志愿服务工作，使之呈现出参与广泛、特色鲜明、扎实有效、生机勃勃的发展活力和美好前景，促进了嘉兴基层文化繁荣发展，提升了人民群众的精神文化生活水平。

目前，嘉兴市文化志愿者服务队伍拥有综合支队 11 支、专业支队 13 支，共计注册 3000 多人，带动群众参与志愿服务万余人。

二　做法

（一）抓规范管理，着力推进文化志愿服务体制机制建设

1. 加强领导，统筹协调。嘉兴市文化、文联系统先后成立了

嘉兴市文化志愿者服务工作领导小组及其办公室、嘉兴市文化志愿者服务总队及其各专业支队、综合支队和嘉兴市文化志愿者服务指导中心，加强对志愿者服务工作的领导、指导和日常管理。根据工作需要和形势要求，统筹制订工作计划、活动和项目规划，制定工作章程，不断推进对全市文化志愿者行动的组织协调、培训指导、项目推进、表彰奖励等工作。

2. 建章立制，规范管理。制定实施嘉兴市文化志愿者《管理办法（试行）》、《队伍管理办法（试行）》、《总队管理办法（试行）》、《招募办法（试行）》、《登记注册管理办法（试行）》、《活动管理办法（试行）》、《培训办法（试行）》、《激励办法（试行）》以及《联席会议制度》、《材料、信息上报制度》、《督查制度》等各项规章制度，建立起了一套涵盖文化志愿者招募、注册、培训、评价、管理、激励、宣传等制度。

3. 网络覆盖，骨干引领。建好嘉兴市文化志愿者服务总队及其三级（市、县市区、镇和街道）服务网络。依托相关平台，建立、完善文化志愿服务组织与管理机构，负责对本辖区、本专业文化志愿服务工作的总体策划、统筹协调和指导督促。一些有条件的地方文化志愿服务组织与管理机构已向村（社区）文化活动中心（室）延伸，逐步实现文化志愿服务的全覆盖。注重对市文化志愿者服务总队及其各服务支队志愿者骨干的培养和使用，发挥管理型志愿者和志愿服务骨干的核心作用，打造一批具有独立运作能力、工作协同配合、可持续发展的文化志愿服务团队，并动员一批具有一技之长的社区居民和热心公益的文化专业人士参与文化志愿服务，发挥其专长，提高文化志愿服务的针对性和专业性，最大限度地发挥他们在文化志愿服务中"自我管理、自我运作、自我服务"的积极作用。

（二）抓活动推进，不断扩大文化志愿服务的社会影响力

1. 着眼于服务基层。坚持经常性地深入社区、乡镇、企业、军营，开展一系列文化惠民活动，推动嘉兴文化志愿服务制度化建设走在全省前列。春节期间，先后三次组织开展"中国梦·社区行"书法家写春联送祝福活动。举办全市道德模范、身边好人故事会基层巡演活动，分设军营、企业、社区、村镇、机关五个专场，先后走进了某部队、中法集团、长水街道石堰社区、新塍镇西吴村和市烟草局。巡演从历届我市全国道德模范、身边好人中选取主人公，精心创编了故事、越剧小戏、相声、小品、歌舞等多个文艺节目，集中展示道德模范、身边好人的先进事迹和崇高品德，在全市营造了崇尚学习和争当道德模范、身边好人的良好氛围。

"帮兄弟回家"品牌志愿服务

2. 着眼于服务社会各界。根据市文明委的统一部署，协同教

育、体育、嘉报、嘉广、新华书店等部门（单位），牵头成立市文体志愿者服务总站。积极参与关爱社会志愿服务活动。开展学雷锋文化志愿者进乡村学校少年宫活动，以文艺演出、公益讲座、技能培训、文艺辅导等形式引导未成年人提高文化涵养。广泛发动文化志愿者参与"五水共治"行动，引导文化工作者自觉宣传治水工作、普及治水知识，创作表演"五水共治"主题性文艺作品，在全市形成浓厚的治水氛围。结合"爱国歌曲大家唱"、"我们的节日"、"全民阅读"、"中华经典诵读"、"优秀童谣传唱"等主题活动，广泛参与"文化志愿者进社区"活动，通过讲座、沙龙等方式推介优秀图书、传播先进文化。

3. 着眼于参与重大节庆活动。切实组织好为重大活动、重要会议和大型文体赛事而配套开展的文化志愿服务活动，认真总结经验，着力改进服务方式、提高服务水平，营造良好的人文环境。大力发动全市文化志愿者，积极服务纪念建党90周年、第十二届

书法家写春联送福活动

全国美展综合画种·动漫展区展览、嘉兴撤地建市 30 周年活动和国际漫画展、"红船颂"全国美术创作展、端午节庆活动、"漫画节"、"观潮节"、"菊花节"等重大节庆盛会，继续广泛开展各种形式的文化志愿服务活动，为大型活动的成功举办和扩大影响创造良好条件、提供有力支撑。以元旦、春节、元宵、端午、中秋等主要传统节日为重点，开展特色文化志愿活动。例如"新春美术书法摄影三下乡"、"范蠡湖诗会"、"嘉兴百姓摄影讲堂"、"红五月广场文艺演出"、"八一送慰问进军营"等志愿服务活动已经形成传统，为广大群众喜闻乐见，深受好评。

（三）抓重点领域，以文化志愿服务促进社会和谐发展

1. 立足文化惠农，推进城乡一体化发展。为使农村居民获得与城镇居民同等的公共文化服务，嘉兴市文化志愿者总队及其各支队立足于"文化惠农"，积极参与政府的公共文化服务，大力开展丰富多彩的文化志愿服务，把服务送到了村镇、社区，助推农村"实现精神富有、打造精神家园"。2013 年 9—11 月，嘉兴市文化局、市文联组织"送文艺进农村文化礼堂"志愿服务活动，在全市五县（市）两区农村文化礼堂连续演出 9 场，文化志愿者达 400 多人次。

2. 关注"新居民"，促进其融入"第二故乡"。嘉兴市文化志愿者服务总队始终关注新居民，组织各支队利用自身优势开展有针对性的志愿服务活动。如市摄影支队为新居民摄影爱好者举办辅导讲座，市舞蹈支队、书法支队在新居民子弟学校、新居民聚集地设立培训基地，电影电视服务支队开展"新嘉兴人免费电影专场"、"关爱留守新居民，新春免费看大片"活动等，努力为新居民融入第二故乡营造良好的文化氛围。

3. 服务扶危济困，促进弱势群体自立自强。坚持从办得到、群众又迫切需要的事情做起，把文化志愿服务送给生活困难群众

和老年人、残疾人，以及因重大自然灾害和突发事件而受困的群众，以丰富他们的精神文化生活。在市文化志愿者服务总队摄影支队几年来的悉心指导、帮助下，"自强摄影社"、"嘉兴市摄影家协会残疾人摄影分会"相继成立。嘉兴市摄影家协会残疾人摄影分会成为我省唯一的一个残疾人摄影组织，省文化厅、省残联特授予嘉兴为"浙江省残疾人艺术活动中心——摄影创作基地"。

三　成效

（一）丰富了农村"文化礼堂"内涵

推出文化礼堂服务菜单，开展了"百名专家联百村"、"春耕、夏种、秋收、暖冬"四季行动、村歌大赛、排舞大赛、非遗传承等活动。各种形式的"送文化"、"种文化"志愿服务日新月异，深受群众欢迎。

（二）取得了良好的社会效益

志愿者秉承"奉献、友爱、互助、进步"的志愿精神，以"传播先进文化，服务群众需求"为宗旨，积极热情地投入到文化志愿服务活动中，用爱心服务社会，用真情践行志愿精神，充分展示了全市文艺家和广大文艺爱好者热爱祖国、服务人民的精神气节和价值取向，充分体现文化工作者讴歌真善美、引领文明新风尚的历史责任和勇于创新、精益求精的艺术精神，促进了嘉兴基层文化繁荣发展，提升了人民群众的精神文化生活水平。

（三）涌现了一批优秀的文化志愿者

各种形式的文化志愿服务活动，是弘扬和践行志愿精神的有效载体。嘉兴的文化志愿者服务队伍从经济社会发展需要和人民群众愿望出发精心设计文化志愿服务项目，涌现了一批有特色、有影响力的文化志愿服务品牌和常年活跃在志愿服务一线的优秀文化志愿者。

点评：嘉兴市文化志愿服务特色鲜明：一是立足文化惠民，主动贴近基层、贴近群众、贴近社会，发挥所长，为丰富人民群众精神文化生活奉献自己的力量、展示"文化人"的良好风采。二是注重实践研究，结合文化志愿服务的基础、特点和优势，创新服务内容、工作方式和活动载体，探索出了具有地方、行业、团队、项目特色的文化志愿服务模式。三是实施统分结合、制度先行，抓重点、抓关键，彰显文化志愿服务的规范化、特色化。

打造南湖"歌城"品牌

一　背景

嘉兴市南湖区是江南文化的发源地，群众性歌咏活动历史悠久。很多年前就有采菱姑娘吟唱的"南湖采菱歌"，歌曲的歌声中带有原始的和声，与现代合唱有着异曲同工之妙。在20世纪60年代初，就组建过浙北地区第一支群众合唱团——嘉兴业余合唱团。90年代初，又组建了嘉兴市第一支群众合唱团——南湖合唱团，该团在国家级比赛中多次获奖，并于2001年受文化部委派赴法国参加讷韦尔国际合唱节。

随着改革开放和城乡一体化建设的不断深入，南湖作为中国统筹城乡一体化的先行地，经济发展迅速，人们对精神文化的需求也日益增强。嘉兴市南湖区因势利导，大力发展群众合唱事业，自2003年至今，历经13年，"南湖合唱节"的举办，以歌传情、以歌会友、以歌兴文的"歌城"品牌唱响全国。

二　做法

（一）传承历史渊源，合唱引领群众文化

南湖区选择合唱这一文化载体，打造歌城品牌，主要源于三方面的考虑：一是传统文化发展和传承。采菱姑娘吟唱的"南湖采菱歌"、农民劳动时唱的"田歌"、渔民吟唱的"海塘号子"，都是嘉兴地区流传的劳动人民经久传唱的耕作之歌，是优秀的传统文化。二是群众性歌咏活动的良好基础。早在 20 世纪 60 年代初，当时的嘉兴县文化馆组建了浙北地区第一支群众合唱团——嘉兴业余合唱团；90 年代初，南湖区文化馆组建了嘉兴市第一支群众合唱团——南湖合唱团，该团曾多次在国家级比赛中获奖，并于 2001 年受文化部委派赴法国参加讷韦尔国际合唱节。三是群众对精神文化生活的旺盛需求。随着经济社会快速发展，人们对精神文化的需求也日益增强。无论是城市还是农村，各行各业、各年龄段的人们越来越渴求一种展示自我才华的平台，而合唱不仅能提供这样的平台，更能激发社会发展所迫切需要的团结奋发的团队精神。

（二）完善政策措施，规划指导合唱发展

自 2003 年举办首届南湖合唱节以来，南湖区"歌城"品牌建设渐成气候。2009 年，区委、区政府下发了《关于推动文化大发展大繁荣的实施意见》，把打造"歌城"品牌作为提升城市文化软实力的重要载体。制定了《南湖区打造"歌城"品牌发展合唱事业行动方案》，实行"歌城"品牌打造"五个纳入"，即纳入区经济和社会发展规划、纳入文化发展规划、纳入区镇两级党委政府的重要议事日程、纳入政府财政预算和纳入党委政府任期目标重要考核内容。构建"歌城"建设五大体系：一是构建组织管理体系，成立领导小组，统筹全区"歌城"建设工作；二是构建人才引进和队伍培育体系，加大对具有合唱专长人才的选拔培养和引进；三是构建展示平台体系，建立集合唱研究、展示、创作、培训、旅游为一体的南湖合唱艺术中心；四是构建创作体系，力争每年规划创作 1—2 个以南湖为题材或主题的重点合唱曲目；五是构建宣传推广体系，加大"歌城"的宣传力度。通过完善和健全歌城建设组织管理体系、人才引进和队伍培育体系、展示平台体系、创作体系、宣传推广体系，在深度上打造南湖区"歌城"品牌。

强化合唱激励机制，区财政每年拿出专项资金，重点做好合唱网站建设与维护、合唱歌曲创作、引进合唱优秀人才、组织合唱队伍培训、对外交流演出等。在南湖合唱节合唱团队接待上，实行"三个一"的服务模式，即"一团一车一人"，团队接待工作采取统一管理服务，分若干个接待团组负责，接待工作负责落实到各个接待团组，负责具体的操作，实行一条龙、一竿子到底的包干接待服务，各接待团组对各合唱团队的吃、住、行、游等一系列服务负责，配备以一团一车一人全程服务，负责做好团队所需的吃、住、行、游等，同时安排1名联络员专门负责做好整个团组的信息反馈等服务。

积极开展南湖区合唱星级团队管理、评定和奖励，进一步激发合唱文化创造活力。2011年，区委、区政府把提升"歌城"品牌影响力，作为推动文化大发展大繁荣的重要抓手，纳入《南湖区文化发展"十二五"规划》。2012年5月，区委、区政府又制定了《关于加快推进文化强区建设的实施意见》，提出继续办好南湖合唱节，建立集创作、培训、普及和演出于一体的、与经济社会发展相适应的"歌城"建设格局，打造全省、全国特色文化城市名片。区政府每年将举办"歌城"节庆活动纳入财政预算，出台了《南湖区合唱团队星级考评管理办法（试行）》，从2012年起每年评出50支左右合唱团队，按三星级、四星级、五星级评定，分别给予1万元、2万元、3万元奖励，以进一步加强团队建设。2012年，全区共投入合唱事业经费293.7万元，其中合唱团队的扶持与奖励为93.8万元。

（三）搭建有效平台，深入打造歌城品牌

从 2003 年至今，南湖区委、区政府已成功举办了 13 届南湖合唱节。每届合唱节都有不同的主题和内容，既有全国、全省性的合唱大赛，又有原创歌曲大赛、学术研讨、广场展演、互动交流会、展示音乐会等丰富内容。

2003 年，南湖区举办了第一届中国·嘉兴南湖合唱节，这是全区首次承办的全国性合唱比赛。2004—2006 年，先后举办了第二届、第三届、第四届南湖合唱节，举办了合唱比赛、合唱音乐会、合唱讲座、中外优秀合唱团展示等一系列活动。2007 年，第五届南湖合唱节与浙江省第八届广场文化艺术节联合举办。2008 年，第六届南湖合唱节举办了原创歌曲创作演唱大赛和"唱响南湖"群众合唱大赛。2009 年 10 月，首次以"中国城市合唱周"冠名形式，举办了第七届南湖合唱节，来自全国 16 个省份 49 支合唱团近 3000 人参赛。2010 年 9 月，南湖区承办由文化部和浙江省政府主办的第十二届中国老年合唱节。有 25 个省份的 59 支合唱团 3000 多人参赛，南湖区被中国合唱协会授予中国合唱协会（南湖）合唱基地。2011 年，举办纪念建党 90 周年群众合唱大赛暨第九届中国嘉兴南湖合唱节，全区 141 支合唱团队参加了比赛，创下了历年本地合唱队伍之最。2012 年 8 月，南湖区与中国合唱协会等联合举办"中国城市合唱周——第二届全国教师合唱节暨第十届南湖合唱节"。2013 年，南湖区与浙江省总工会联合举办了"浙江省第二届企业之歌合唱大赛"。2014 年，南湖区与省文化厅联合举办了浙江省第二届合唱节。2015 年，由文化部主办的第六届中国少年儿童合唱节在南湖区成功举办，进一步擦亮了歌城品牌的"金名片"。同时，积极开展对外合唱交流，圆满完成和澎湖县文化局合唱交流活动，成功举办"澎湖湾—南湖水"两岸交流音乐会，"歌城"品牌已成为南湖区对外文化交流的一张

"金名片"。

举办第六届中国少儿合唱节暨第十三届南湖合唱节

（四）坚持普及提高，不断繁荣合唱文化

在打造歌城的过程中，全区通过建百支歌队、办百场演出、结百个对子等形式大力普及合唱艺术，做到了年年有大赛、季季有比赛、月月有活动、周周有排练，营造"禾城无处不飞歌"的浓厚氛围。日前，南湖区已发展合唱团队166支，覆盖行政机关、事业单位、学校、社区、农村，吸引了上万名歌唱爱好者参与。

群众合唱氛围浓厚，合唱水平日益提高。区专门成立了南湖区合唱协会，聘请全国、省合唱协会专家为顾问。近年来，南湖区有多个合唱团队在国际、国内各类比赛中获奖。涌现了南湖合唱团、南湖区机关合唱团、南湖星光合唱团、南湖区栅堰老年合唱团及秀城实验教育集团水囡囡少儿合唱团等优秀团队。

全区合唱文艺作品创作水平有了较大提升，如《南湖之歌》荣获全国最佳城市形象歌曲奖、省"五个一"工程奖；《新阳之歌》荣获全国电视展播"最佳企业歌曲"奖等。

三　成效

（一）带动了特色创建，促进了文化繁荣与发展

合唱事业蓬勃发展，带动了全区其他文化活动的开展。

1. "一镇一品"特色文化创建。全区5个镇6个街道每年举办特色文化节庆活动，各街道（社区）分别与镇（村）开展城乡文化交流活动，城乡互动氛围浓厚。

2. 开展"城乡文体十大联赛"。自2007年起，每两年举办一届"城乡文体十大联赛"，活动以城乡联动、文体结合、群众参与、地方特色为原则，设立10个特色比赛系列项目，深受广大百姓欢迎和好评。

3. 开展节庆文化活动。结合元宵节、端午民俗文化节等活动，组织民俗歌会、踏白船比赛、调龙灯比赛等特色文化活动。形成了各类文化活动广泛开展、各类艺术团队种类繁多、群众积极参与的良好局面。

（二）宣传了嘉兴南湖，推动了南湖经济社会发展

十三届南湖合唱节的成功举办，无疑给嘉兴市、南湖区提供了一个更好的展示自己、推荐自己的文化品牌机会。

在2003年首届南湖合唱节上，南湖区特邀中国科学院合唱团前来参加演出，此举有效促成了2004年"中国科学院嘉兴应用技术研究与转化中心"的签约。自2009年开始，南湖合唱节采用市

场化运作方式，由政府牵头、区旅游协会协办运作，承接外来合唱团队的接待任务，将合唱事业与文化、旅游产业有机融合。

全国、全省合唱节的举办，每届都有几千名合唱爱好者来到嘉兴，带动了服务业等相关产业的发展。一个以"歌城"品牌营销为载体，以文化带动旅游、以旅游带动相关产业发展的新产业结构形成，为南湖区城市发展注入生生不息的生命力。

（三）提升了人文素养，提高了群众的幸福指数

南湖区群众合唱活动的开展，不仅能充分体现群众意愿，满足群众需求，而且为群众提供想看爱看、健康向上的精神文化产品和文艺活动样式。

比如，2009—2012 年的四届合唱节中，共有来自全国各地的 288 支合唱团两万人参加了比赛，观众十多万人，真正体现了群众的广泛参与性。特别是第六届中国少年儿童合唱节，共有来自全国 26 个省（自治区、直辖市）文化厅（局）推荐的 36 支优秀少年合唱团队的 1663 名合唱团成员参加展演。

合唱爱好者积极参与合唱事业，在合唱中体会了合唱的乐趣，提高了艺术修养，愉悦了身心。广大群众在参与、欣赏合唱比赛中，得到了艺术熏陶，带来了美的享受，丰富了业余文化生活。合唱活动的主体也由中老年群体不断向青年、少年群体发展，呈现了良好的未来发展前景。

点评：嘉兴市南湖区选择"合唱"为切入点，是因地制宜、因势利导开展群众文化活动的典型案例。一是"合唱"与南湖区历史上劳动人民的耕作之歌一脉相承，是嘉兴老百姓"文化基因"的组成部分。二是有广泛的群众基础，几百支合唱队伍、上万人的参与，直接带动了南湖区群众文化发展。三是专业艺术指导、星级团队评

选，既有保障条件又有激励机制促进业余合唱团队提升水平。四是连续举办全国、全省性的合唱节，为南湖区广大群众直接提供了欣赏、学习、参与机会的同时，也进一步打响了“歌城”品牌、引导群众文化创新发展。

"小广场大舞台"标准化建设

一 背景

当前，我国正处于经济社会全面转型的特殊时期，全面建成小康社会的关键时期和改革开放的攻坚时期，文化越来越成为民族凝聚力和创造力的重要源泉、越来越成为经济社会发展的重要支撑，丰富人民群众的精神文化生活越来越成为新时代的迫切要求。

特别是近年来，随着群众文化活动的蓬勃开展，人民群众的文化意识不断觉醒，表演欲望和参与意识不断增强。在群众文化活动中成长起来的文艺爱好者，逐渐从文化活动的旁观者转变为文化活动的欣赏者、参与者和组织者。同时，随着基层文化活动形式的不断丰富与基层文化培训的不断推进，群众的文化素养与表演技能不断提升，日益增强的文化自信使群众期盼更加丰富、更加便利的才艺展示平台。

为了满足群众日益增长的文化需求，嘉兴市南湖区不断创新社会文化活动的组织与管理，拓展文化空间和渠道，积极探索"小广场大舞台"的标准化建设和管理，细化"小广场大舞台"的建设和管理标准，让群众更加充分、便利地享受公共文化服务。"小广场大舞台"的标准化建设和管理，有效地拓宽了群众文化活动空间，培育和壮大了文化队伍，激发了群众参与文化活动的热情。

二 做法

（一）推出"小广场"惠民工程，培育文体团队

随着社区和乡村条件的改善，文化广场日益成为新时期人民群众最活跃的文化活动阵地。2012 年，在全面排摸和充分调研的基础上，出台《南湖区文化小广场建设实施方案》，在全区范围内试点建设完成 50 个文化小广场，免费为 50 个小广场配备了小音箱和音乐光盘。此举深受百姓喜爱并被区政府纳入当年政府实事工程，取得了意想不到的效果，群众自发性业余文艺团队迅速发展。

南湖区湘城社区小广场

2013 年，主动适应群众要求，又建设了 130 个文化小广场，两年共计建设文化小广场 180 个。这些小广场一般都位于人流量相对集中的区域，平时经常开展相应的文体活动，活动团队人员相对比较固定，有专门的文化志愿者担任小广场管理者。

为规范文化小广场建设和对已建成的文化小广场的日常管理，在广泛征求意见的基础上，又出台了《南湖区文化小广场日常管理制度（试行）》，下发了南湖区文化小广场音响设备使用情况记载本和南湖区文化小广场及音响设备管理使用协议，设施设备做到专人保管专人负责，开展了音响使用、排舞、戏曲、舞蹈等培训。

180 个文化小广场充分点燃了南湖百姓的文化热情，成为南湖区活跃基层群众文化生活的有效载体。通过文化小广场建设，全区业余群众文体团队及爱好者队伍如星火燎原般蓬勃发展，业余文体团队数量达 600 多支，参与人数达 18000 余人。

（二）出台"小广场"建设标准，促进有序活动

在"小广场"建设实施过程中，发现了"噪声扰民"、"争抢场地"等问题，据此，通过深入调研，反思总结，逐步提炼形成了一套行之有效、切实可行的"六个一"小广场建设标准，使"小广场"真正服务于民，最大限度地发挥其作用。

"六个一"小广场建设标准，是指"一块牌子"、"一名管理者"、"一台音箱"、"一个分贝仪"、"一本记录本"和"一套制度"。

"一块牌子"，是指在每个文化小广场上设立"文化小广场"的指示牌，注明设立时间、设立单位及小广场活动时间。

"一名管理者"，是指各小广场落实一名热心的文化志愿者担任小广场管理者，做好音箱保管、登记使用记录、团队活动时间协调等工作，充分发挥文艺志愿者的作用，确保小广场有专人

管理。

"一台音箱",是指为每个小广场配备一台便携式移动音箱及话筒,便于文艺爱好者及文艺团队在广场上开展文体活动。

"一个分贝仪",是指每个小广场管理者在手机上下载安装一个分贝仪,要求在规定的时间内开展文体活动并控制好音箱音量,活动时音量需控制在80分贝以下,避免扰民。

"一本记录本",是指每个小广场配备一本"小广场活动记录本",由小广场管理者记录好每次小广场活动的时间、活动内容、活动团队、音箱设备使用情况等,确保活动的常态化。

"一套制度",是指《南湖区文化小广场日常管理制度》,要求相关文化管理者及小广场活动者认真学习制度并遵照执行,使小广场的活动更加文明有序,让群众更满意。

(三)搭建文化大舞台,展示团队成果

通过文化小广场建设,南湖区群众文艺队伍不断壮大。为挖掘草根明星,培育特色文艺团队,给广大基层业余文艺团队和文化爱好者提供一个能够充分展示艺术才能的舞台,2013年,在全区范围内推出了"365天天欢乐大舞台"群众文化演出活动,并制定了一套大舞台建设标准,分别为:

(1)舞台大小有标准:要求每个舞台不小于长8米,深5米,高0.6米。

(2)舞台设置有标准:要求各镇(街道)因地制宜,在室外广场搭建固定的、群众方便适合文艺演出的大舞台。

(3)演出场次有标准:要求演出场次安排贯穿全年,尤其在国庆、中秋等重要节庆活动期间要组织开展文艺演出,每个舞台每年不少于6场。

(4)演出质量有要求:要求每场演出时间不少于60分钟,节目不少于8个,并在现场发放群众满意度测评,对演出质量进行测评。

（5）演出形式有要求：演出形式采用各镇（街道）自行安排的"自演场"、"展演场"和区文化馆安排的"文化有约"场相结合的方式。

"自演场"主要是指各镇（街道）自行组织的具有本镇（街道）特色的文艺演出；"展演场"为各镇（街道）具有特色的文艺节目和兄弟镇（街道）以"文化走亲"方式选送的文艺节目相结合进行的展演；"文化有约"场为区文化馆将各镇（街道）在自演和展演中涌现出来的优秀节目以"节目拼盘"的形式在镇（街道）进行巡演。

"365天天欢乐大舞台"活动推出后，受到全区11个镇（街道）的热烈欢迎和积极响应。由于深受百姓的欢迎，全区各镇（街道）在有条件的场所专门搭建了多个固定舞台。据统计，从2013年1月至2014年12月，全区11个镇（街道）共搭建"欢乐大舞台"达18个，累计演出752场，受益观众达60余万人次，成为全区群众喜爱的、全民参与的文化品牌。

（四）推出奖励性政策，提升团队水平

随着业余文艺团队的不断壮大和特色文艺团队的培育，艺术质量水平亟须提升。为进一步规范全区基层群众合唱团队和群众文艺团队的管理，鼓励和支持全区基层文艺团队的健康发展，充分发挥群众文艺团队在公共文化服务体系中的积极作用，不断提高表演水平与服务能力，南湖区先后出台了《南湖区合唱团队星级考评管理办法（试行）》和《南湖区群众文艺团队星级考评管理办法（试行）》，对每个达到规定人数的合唱团队和群众文艺团队，只要每年坚持活动达到一定数量、获奖情况达到一定级别，都可申报星级团队。

对评上三星、四星、五星的合唱团队分别给予1万元、2万元、3万元奖励；对于评上三星、四星、五星的群众文艺团队分别给予5000元、8000元、1万元的奖励。另外，还出台了对舞台搭建和演出场次的补助政策，给予每个镇（街道）3万—5万元不等的舞台搭建补助和每场2000元的演出补助。

三　成效

（一）有效整合了基层文化活动资源

1. 通过打造"小广场大舞台"群众文化新平台，各镇（街道）有效地整合了各类文化资源。同时，大量的群众自创节目在"大舞台"上涌现，使"365天天欢乐大舞台"成为区域文化资源集聚的有效载体，为当地开展小型文化活动提供了有利条件，也为"365天天欢乐大舞台"可持续发展创造了有利条件。

2. 通过开展"365天天欢乐大舞台"群众文化活动，区文化馆和镇（街道）综合文化站文化资源有效整合，冲破了原有文化资源的城乡分割、区域分割、专业分割的弊病。各镇（街道）及文化馆分别结合"双百双千双万"和"送欢乐下基层"活动，充分利用春节、元宵、端午、国庆等节假日和双休日等时机，以"365天天欢乐大舞台"的形式深入开展群众性文化活动，全年演出场次超出原先预计的365场，参与演员和观众达60余万人。通过一系列文化活动实现了"月月有活动、周周有演出、天天有戏看"，形成了"城乡联动、区域互动和全区齐动"的文化工作新局面，走出了一条"小成本，唱大戏"的繁荣城乡文化新路子。

（二）切实提高了群众文艺团队水平

通过在"365天天欢乐大舞台"的表演，文艺人才和文化队伍不断被发现，群众文艺团队在区、镇（街道）两级专业人员的指点和辅导下水平不断提高，成为引领一方文化活动的中坚力量。全区600多支业余群众文艺团队以"小广场大舞台"为平台，业务水平有效提升，一些群众喜闻乐见、丰富多彩的文化活动形式被充分挖掘和利用，优秀作品不断涌现。如七星镇罗庵女子舞龙队、新嘉街道栅堰社区合唱团被评为"嘉兴市优秀民间文艺队伍"。同时，通过"365天天欢乐大舞台"涌现出来的许多新创文艺作品在国家、省、市各类比赛中屡屡获奖。

"小广场 大舞台"演出活动

如新嘉街道北京路社区锦雯舞蹈队的《新嘉爱·月河情》在全国健身舞大赛暨第十届全国健身交谊舞锦标赛中喜获一等奖。新丰镇男声组合《酒干倘卖无》和大桥镇的男女声二重唱《相亲相爱》喜获嘉兴市第七届乡村艺术周农民歌手组唱比赛金奖、银奖。南湖区东栅街道云东社区的《比格吉米，英雄，妈妈咪呀》喜获第十一届嘉兴市"社区之声"文艺调演排舞大赛金奖。

（三）成功实现了基层群众主体意识

"小广场大舞台"的活动组织形式打破了原来既是"政府搭台"又是"政府唱戏"的局面，群众成为文化主角，切实尊重和维护人民群众在文化中的主体地位，进一步激发了群众参与文化建设的积极性、主动性和创造性，形成了"政府搭台、群众唱戏"的基层文化生活新格局。现在，在全区180个文化小广场和各镇（街道）搭建的18个固定舞台开展的文化活动有声有色、如火如荼，有效缓解基层文化供需矛盾，"小广场大舞台"的活动主体是普通百姓，根据"自愿、自荐、自演、同乐"的原则聚集到一起，基层百姓通过"小广场大舞台"文化活动平台，实现"天天跳，天天乐"。

（四）有效提供公共文化服务平台

"小广场大舞台"群众文化服务平台的活动举办可大可小、可分可合，同时，又可以与其他文化阵地互动，有效地推进了基层文化的软件建设，真正实现了基层文化工作"城乡一起动、街镇都在动、社村有行动、常年有活动"，使活动平台变得更加多样与普及，对促进基层文化的发展与提高，展示基层文化的成果与风采，都起到了十分积极的推动作用。

点评：广场文化活动是近十多年来发展最快、参与最广、最具民族特色和中华传统的群众文化活动样态。过去我们并没有认识到广场是一种设施，因此，规划、建设、管理相对滞后，这也是广场文化活动引发社会争议的深层次原因。南湖区将标准化的理念应用于广场这个薄弱环节，以标准化来促进广场的规划、建设、管理，带动了群众文化团队建设，带动了品牌活动创造，盘活了群众文化活动资源，抓住了问题的关键，找到了具有普遍意义的突破口，借鉴和示范意义大。

"365 天天欢乐大舞台" 运行机制

一 背景

近年来，随着南湖区加快推进"文化强区"建设步伐，通过不断创新形式，丰富文化活动内涵，努力开创了群众文化事业繁荣发展新局面。为充分发挥全区近五百支群众文艺团队和上万名文艺爱好者等基层文化力量的主动性和创造性，南湖区于 2013 年推出了"幸福南湖·365 天天欢乐大舞台"群众文化系列活动，朝着"月月有活动、周周有演出、天天有戏看"的目标，不断丰富群众的精神文化生活，逐渐成为该区群众喜爱、全民参与的文化品牌。

二 做法

（一）"三保障"健全运作机制，欢乐舞台稳步推进

1. 加强组织保障。"幸福南湖·365 天天欢乐大舞台"群众文化系列活动，自一开始就建立起了完整的组织机构，该活动由南湖区委宣传部和南湖区教育文化体育局负责牵头，各镇（街道）和区文化馆具体落实，并根据实际合理安排了各镇（街道）和区

文化馆的全年演出任务数。早在 2012 年年底，就对该活动的开展进行了积极的调研和策划，最终形成了完整的活动方案；活动开展过半以后，又对舞台搭建和活动开展情况进行了督查；年底还将活动的开展情况列入考核，考核成绩作为年度文化工作考核和星级文艺团队评比的依据之一。

2. 加强政策保障。2013 年制定下发了《关于开展"幸福南湖·365 天天欢乐大舞台"群众文化系列活动的通知》，就该活动的组织机构、活动形式、时间安排和保障措施等相关内容进行了统一部署。此外 2012 年出台的《中共南湖区委南湖区人民政府关于加快推进文化强区建设的实施意见》、《南湖区文化发展专项资金管理办法》、《南湖区群众文艺团队星级考评管理办法（试行）》等政策文件也为该活动的全面铺展提供了有力的政策支撑，进一步规范了基层文艺团队的管理与服务，鼓励和支持基层文艺团队的健康发展。

3. 加强资金保障。南湖区针对"幸福南湖·365 天天欢乐大舞台"群众文化系列活动制定了专门的扶持政策，激励活动有效开展。区文化发展专项资金以每场 2000 元的标准对各镇（街道）给予补助，并对新搭建的固定舞台根据投入费用情况给予 2 万—5 万元不等的补助，全年经费总投入达到 120 万元。此外，对在活动中脱颖而出的星级文艺团队进行扶持，三星级以上的文艺团队分别可获 5000 元、8000 元、10000 元的扶持奖励，三星级以上的合唱团队分别可获 10000 元、20000 元、30000 元的扶持奖励。

（二）"三促进"确保活动质量，欢乐舞台凝心聚力

1. 辅导促进提升。南湖区充分发挥两级文化阵地和各类文化设施在排练辅导中的作用，重点挖掘文化小广场的便捷优势，通过加强管理和提供服务，使各个基层文艺团队在交流中提升，在学习中进步，起到了培育文化梯队、活跃城乡文化、丰富群众文

化生活的良好效果。区文化馆深入一线，了解需求，切实加强对镇（街道）和村、社区业余文艺团队的辅导和培训。各镇（街道）文体站主动联系，提前预约，强化与辖区学校、企业、各类业余文艺团队和业余文艺工作者的联络与合作，有效运用各类文化艺术资源对其进行辅导与培训，大大提升了基层文艺团队表演的质量和水平。

2. 激励促进争先。南湖区于2012年出台了《南湖区群众文艺团队星级考评管理办法（试行）》和《南湖区合唱团队星级考评管理办法（试行）》，通过政策上的激励和扶持，基层文艺演出的主动性和积极性被充分调动起来，形成了文艺团队之间创先争优的良好氛围。通过进一步开展"幸福南湖·365天天欢乐大舞台"群众文化系列活动，现在南湖区平均每天都有一台文艺演出，无论是全区性的大型文艺展演，还是村（社区）的小型文艺活动，节目种类日益多样，节目质量逐步提升，吸引了大量的居民群众前来观看。基层文艺团队从文化自觉内生出文化自信，从量变到质变，实现了公共文化服务的常态化、可持续发展。

3. 宣传提升影响。南湖区充分依托省、市两级新闻媒体和各镇（街道）、村（社区）文化阵地等，加大对活动的宣传力度。在前期摸排活动场次和内容的基础上，做好重要场次演前宣传发动、演中集中宣传报道、演后典型宣传报道等工作。通过张贴海报、发放宣传单等形式，提升活动开展的知晓率，让更多的老百姓参与到活动中来。此外，依托《南湖文化》杂志和《嘉兴日报》"文化南湖"专版对"幸福南湖·365天天欢乐大舞台"群众文化系列活动进行专题报道，如《欢乐大舞台，天天有精彩》、《365天天欢乐大舞台舞动"文化南湖"》等报道层出不穷，大大提升了该活动的知名度和美誉度，也从整体上提升了南湖区的城市形象。

（三）"三创新"加快特色形成，欢乐舞台亮点频现

1. "购买服务"。"幸福南湖·365天天欢乐大舞台"群众文化系列活动全年计划演出365场，每场演出要求有8个以上节目，时间持续在1个小时以上。为实现节目形式多样，演出主体多元，该活动的近1/3场次通过引导社会力量、社会资本参与公共文化服务供给来实现。文化部门与相关演艺公司签订合作协议，以购买文化服务的方式送100场演出到每个行政村，每场演出政府仅出资2000元，演艺公司再通过拉赞助筹集资金补足。每场演出在现场发放5张群众满意度测评表，对本场演出进行实名实时测评，测评分"非常满意"、"满意"、"一般"、"不满意"四个等级，并由当地村委会盖章确认。测评结果中如出现"不满意"测评表，则在补助经费中扣除500元，一年累计出现"15"张"不满意"测评表，则取消与该公司合作协议。

2. "邀媒体加盟"。"幸福南湖·365天天欢乐大舞台"群众文化系列活动中不乏许多主题活动，如："家有好声音"家庭表演唱自举办两季以来一直全程与某电台合作。该电台每天宣传不少于10次，同时全程参与比赛、录音并播出。高频率的广告为大赛做足了宣传文章，因此，大赛自5月启动以来，便引发全城关注，在家长和少儿钢琴爱好者中掀起报名热潮，短短两周时间便吸引了600多名少儿钢琴选手报名。媒体的介入不仅带来了宣传优势，还获取了大量的企业赞助，在文化经费紧张的情况下为比赛提供了充足的活动资金。

3. "携文化走亲"。"幸福南湖·365天天欢乐大舞台"群众文化系列活动还促成了"文化走亲"活动的集中开展。2015年3—4月，各镇（街道）和区文化馆精推优秀文艺节目进行走亲，共完成68场演出。其中镇与镇之间完成"文化走亲"演出25场；街道与街道之间完成"文化走亲"演出36场；文化馆完成7场。

老百姓平均每 10 天就能欣赏到一台大戏，密集的频率、交互式的走亲让老百姓来打分，既增进了镇街道间的比拼和交流，又使老百姓真正得了实惠。更实现了筹备一台戏，唱足两个月的新型集中走亲模式。

"幸福南湖·365 天天欢乐大舞台"启动仪式

三　成效

（一）见证"送文化"向"种文化"的思路转变

"幸福南湖·365 天天欢乐大舞台"群众文化系列活动以群众性、参与性为特点，体现了一种群众文化的探索模式。这种模式彻底打破了政府自上而下输送文化的格局，将基层文化力量成功纳入公共文化服务体系当中，从而形成"政府引导、群众自发、团队共营"的良性循环。通过建立这种多元共享模式，逐步使普通老百姓走上舞台，使群众成为文化活动的主角，从而推进"送文化"向"种文化"的转变，如今南湖区"草根"文化正散发出前所未有的巨大魅力。

（二）打造"小广场"＋"大舞台"的惠民模式

"幸福南湖·365天天欢乐大舞台"群众文化系列活动成功打造了15分钟文化圈，实现了城乡文化的共建共享。自2011年年底文化小广场项目被列为政府实事工程以来，南湖区已成功打造180个文化小广场。同时，为给广大基层业余文艺团队和文化爱好者提供一个展示艺术才能的舞台。2013年年初，全新推出"幸福南湖·365天天欢乐大舞台"群众文化系列活动，各镇（街道）搭建舞台18个，村（社区）搭建舞台25个。"小广场"＋"大舞台"模式成为展示全区基层群众精神文化风貌的重要窗口。

（三）实现"文艺作品"和"文艺团队"的百花齐放

"幸福南湖·365天天欢乐大舞台"群众文化系列活动举办三年来，不仅培育了规模庞大的群众文艺演员，更催生了一大批基层文艺创作人才，仅浙江省"优秀民间文艺人才"就达17人之多；欢乐舞台也助推了原创群众文艺作品的不断涌现，仅2013年度就有63项文艺作品获南湖区文化精品扶持与奖励；欢乐舞台更加快了群众文艺团队的形成和发展，仅2013年度获评区星级文艺团队61支，区星级合唱团队36支，全区群众文艺团队由2012年的490支增加至2015年的623支。

点评：群众文化活动主要以"自我管理、自我教育、自我服务"的"自办文化"为主，基层文艺团队和骨干是群众"自办文化"的重要依托。政府对群众文化活动要给予大力指导、支持和帮助。正如本例南湖区政府及文化部门想方设法、积极引导群众文艺团队开展各类活动：提供活动场地、提供资金扶持、提供培训辅导、提供展演机会、提供宣传推介、提供服务保障等，促进了群众文艺团队的蓬勃发展和基层文化的繁荣活跃。

推进学校文体设施面向
社会免费开放

一　背景

南湖区作为嘉兴市的主城区，是嘉兴市经济、政治、文化、商贸中心，社会稳定，百姓安居乐业。在融洽祥和的社会环境中，百姓的文化娱乐、体育健身意识逐年增强，现有的公共文化体育场地越来越难以满足人民群众日益增长的文化体育需求。

自 2007 年起，南湖区利用节假日和寒暑假逐步将学校体育俱乐部向所属的社区居民开放使用。2012 年，嘉兴市人民政府办公室出台了《关于印发嘉兴市区学校体育场地设施向社会开放实施意见的通知》（嘉政办发〔2012〕174 号）的文件。南湖区先行一步，在推进学校体育场地设施向社会有序开放的同时，学校的文化设施也同步向社区业余文艺团队开放。

学校开放的设施包括合唱训练室（音乐教室）、舞蹈排练室，室外广场以及篮球、排球、足球、羽毛球、乒乓球、体育馆、田径场等。开放形式有常年每天开放，节假日、双休日开放，以及寒暑假开放。现所有学校的室外广场向社区居民提供早晚锻炼或排练使用；合唱训练室（音乐教室）、舞蹈排练室的开放以团队形式为主，社区居民也可采取自行组队的形式，到学校所在的街道文体站进行申请备案，经文体站统一安排到学校进行活动。到

2013 年 9 月，全区 27 所公办中小学 32 个校区的文化体育设施向社会开放，开放率达到全区公办学校的 100%。几年来，该项目的实施，得到了社会公众的好评、产生了较好的社会效益。

二 做法

（一）加大政府投入，坚持政策保障

1. 南湖区在区级层面成立学校场地设施向社会开放工作领导小组，印发开放实施意见，明确学校文化体育场地设施向社会开放的重要意义，开放原则、范围、对象等要求。

2. 区文化管理部门也相应成立开放工作领导小组，出台学校体育场地设施向社会开放的管理细则，进一步规定开放学校、开放场地设施、开放时间、开放对象、开放制度、开放工作量化考核等内容。

3. 区财政部门也出台了《关于印发南湖区学校体育场地设施向社会开放经费补助办法（试行）的通知》（嘉南财〔2013〕196 号）文件，明确了补助对象和补助标准及资金使用等内容。

4. 由政府为每个校区配备一台面部和指纹识别机，对入校活动人员、健身人员进行注册和识别，入校活动人数就可根据学校开放场地的实际容量进行合理安排。

5. 落实保险资金，全年投入 11.9 万元为 32 个校区办理意外伤害公众责任保险。相应文件的出台及财政资金的落实，为学校文化体育设施免费开放提供了有力的政策及财政支撑保障。

（二）健全管理机制，明确职责分工

1. 建立了由学校牵头，街道（乡镇）、社区、辖区派出所、社会团体共同参与的管理体制，明确各自职责分工。由学校制订开放工作方案，配备社会体育指导员（体育老师）和管理人员，加强对文化体育设施使用的业务指导和日常管理。社区及各社会团体开展宣传动员，鼓励社区居民和文化体育团体组织会员积极参加文化活动和体育锻炼，教育群众爱护学校设施，自觉遵守锻炼时间，服从管理。

2. 为有效加强管理，确保文化体育场馆向社会开放工作有序进行，对开放点的门卫、工作人员及健身活动指导人员的工作职责予以明确。

3. 针对学校文化体育设施向社会开放过程中可能会发生的人身安全、学校的财产安全等问题，建立了"设置活动告示牌、突发事件应急处置、值日巡视、活动出入登记"等制度，保证开放工作的正常运行。

学校文体场馆对外开放

（三）加强制度公开，注重考核监督

1. 扩大媒体宣传。通过《嘉兴日报》、《南湖晚报》等媒体，对文化体育场地设施向社会开放的文件精神和内容进行广泛宣传，为学校文化体育设施向社会开放工作营造氛围。

2. 注重点上的公开宣传。在校门口悬挂公告牌，将开放的项目、内容、时间、注意事项等管理制度进行详细说明，告之于众。学校完善安全保卫的相关规章制度，制定突发事件应急预案，预防并妥善排除各类安全隐患，确保体育场地设施向社会有序开放。

3. 强化考核督查。开放领导小组对学校进行不定期检查、暗访和考核，考核遵循实事求是原则，相关部门配合做好监督工作，考核后给予一定补助经费，补助经费主要用于开放学校场地设施设备维护、保养、更新、管理等费用。

三　成效

（一）缓解了现有公共文体设施不足的矛盾

学校文化体育设施是社会公共资源，对外开放工作的推进，为市民提供更多规范化文化健身场地，有效地缓解市民日益增长的文体活动需求与公共文体设施总量供给不足之间的矛盾。对于提高市民文化修养、身体素质和健康水平，推动人民群众基本公共文化权益的保障和全民健身有着积极的意义。

（二）提高了公共文体设施使用效率

学校的文化体育设施、场馆是教学设施，除日常为学生提供艺术及体育上的辅助教学外，其余时间基本闲置。学校文体设施向社会开放，使闲余时间的公共资源得到充分利用，既满足了社区居民的需求，又极大地提高了设施使用效率，实现了公共资源供给绩效最大化。

（三）促进了学校与周边社区共存发展的和谐

学校的文化体育设施齐全、文化氛围浓郁，是周边社区居民心目中理想的活动场所。整合学校文化体育资源，推行社会大文化概念，使学校文化体育教育功能和范围不断拓展与延伸，促进学校的社会化、社区化，形成学校、家庭、社区"三位一体"的大文化网络，推进了和谐社区建设，为推动社会的和谐发展做出了积极贡献。

社区居民到学校图书馆阅读

点评：鼓励学校等社会文化体育设施向社会开放、提供公共文化体育活动，是进一步深化免费开放工作的重要内容。嘉兴市南湖区在保障工作方面予以落地，值得借鉴：一是在区级政府层面设立领导小组，统筹协调能力强；二是建立细化的制度，保障工作推进；三是财政补助制度，提高了开放单位的积极性；四是完善安全保障制度，让开放工作有了可行性；五是落实保障制度，使免费开放工作少了后顾之忧；六是配备专人负责，加强管理，实现了有序开放。

"秀洲农民画"品牌体系化建设

一　背景

  嘉兴市秀洲农民画，是在丰富多彩的江南传统民间艺术的土壤里成长起来的民间美术之花，汲取了传统的剪纸、刺绣、灶画、蓝印花布等民间艺术，造型夸张、色彩鲜艳、构图饱满，充分表现了人们新的生活和新的审美情趣，独创了具有江南水乡风格的民间绘画。

  20世纪50年代末，为配合当时生产运动，秀洲区一些有一定艺术素养的农民一手拿锄头，一手执画笔，纷纷用最简单的图案表现自己对美好生活的向往和憧憬。在政府文化机构的组织、扶植下，农民画开始成为一种群众性的艺术活动。1983年，为迎接"浙江省首届工农画展"和"全国农民画展"，嘉兴郊区（秀洲区）文化馆组织了9名农民美术爱好者，结合本地实际，首次用农民自己的审美情趣创作出一批农民画，选送了14幅在省展会上展出，获得一致好评。其中，有7幅作品获奖，3幅被省选送全国农民画展。其中，《南湖菱歌》荣获全国一等奖，《乡情》和《闻鸡起舞》被列为文化部出国展品，秀洲农民画从此步入艺术殿堂，从而也掀起了秀洲画乡的建设之路。30多年来，秀洲区培育了一大批乡土画家，创作了大量的作品，形成了独特、完善的画乡建设体系。

农民画《南湖菱歌》

二 做法

（一）三次规划，完善画乡建设政策

为推进秀洲农民画的发展，秀洲区首先在战略上明确了目标。1994年，秀洲区委、区政府召开全区农民画画乡建设工作会议，提出了秀洲农民画的建设目标，即：建好一块阵地、抓好一支队伍、抓出一批作品、出好一本集子、打响一块牌子的农民画"五个一"工程，从此，全力打造"秀洲农民画乡"区域特色文化，已成为秀洲区的政府行为。

2006 年 5 月，《秀洲区画乡建设规划》（2005—2015 年）出台，为农民画画乡建设确定了一个划时代的目标。"十年规划"建立了区农民画建设基金 100 万元，明确规定到 2015 年，初步构建起秀洲农民画人才资源培育保护体系，秀洲农民画艺术展示体系，秀洲农民画宣传推广体系，秀洲农民画发展的全国论坛体系，秀洲农民画艺术产业发展体系这农民画发展"五大体系"。

2013—2014 年，区委区政府出台了《推进经济转型升级若干政策意见》，制定了文化强区建设的若干政策意见，在鼓励农民画创作、促进农民画对外合作交流、推动农民画产业发展等方面加大了资金保障力度。在区政府全面规划画乡建设的同时，秀洲区业务主管部门进一步细化规划，出台了《创建秀洲区农民画创作基地、后备人才基地实施意见》、《关于创建秀洲区个人画室的实施意见》等创建和考核文件。

（二）三代场馆，形成秀洲文化地标

自 1988 年文化部命名嘉兴市郊区为"中国现代民间绘画画乡"以后，农民画场馆建设就摆上了重要议事日程。1997 年建成了浙江省第一座农民画陈列馆，投资 300 万元，面积 3000 平方米。2001 年在区行政中心旁建造了"秀洲·中国农民画艺术中心"，投资 2800 万元，面积 7400 平方米。2012 年 11 月，异地新建的总投资 4200 万元，占地 38 亩、面积 12000 平方米的"秀洲·中国农民画艺术中心"建成并投入使用，成为集收藏、展示、交流、创作于一体的较为专业的农民画综合场馆，也是全国唯一的农民画专业场馆，更是秀洲区的文化新地标。中国工艺美术学会民间工艺美术专业委员会副主任左汉中参观后评价："像这样规模的农民画艺术中心，在全国范围来说也是绝无仅有的。"

（三）三个梯队，推进人才队伍培养

1. 打造领军人物。通过组建秀洲区现代民间绘画画友会，创建个人画室等方法培育了荣获全国"群文之星"称号的农民画家缪惠新等领军人物，推出了张觉民、陈玉峰、张金泉、朱月祥、费新宝、十姐妹、"铿锵四玫瑰"等一批地道的农民画家。

2. 培育后备人才。全区在中小学创建后备人才基地 26 个，每年评比十佳后备人才基地，基地作品多次参加国内外展览，并独立出国办展。

3. 培植和引进农民画理论和经营人才。重视农民画学术研讨，一方面聘请专家来秀洲讲座，指导研究农民画事业、产业的发展，进行课题研究。另一方面注重理论研究人才的培养，2013 年，成立嘉兴秀洲农民画艺术研究院，聘请知名画家、权威专家为顾问，以专业理论研究推动农民画的提升。

（四）三个层面，打响秀洲农民画品牌

1. 办好重大节会，提升秀洲画乡形象。"秀洲·中国农民画艺术节"是浙江省重点扶持的 18 个节会之一，是秀洲农民画走出秀洲，走向世界的重要平台。

1999 年 10 月，秀洲区举办了农民艺术大展——'99 中国当代民间绘画画乡作品邀请展和理论研讨会。全国 14 个省、市、自治区 40 多个画乡的 320 多幅农民画作品参加了大展。

2001 年 10 月，首届中国农民画艺术节举办，全国 23 个省、市、自治区的 63 个画乡参加了艺术节。

2004 年 9 月，秀洲区举办了第七届中国艺术节全国现代民间绘画画乡建设成果展暨第二届"秀洲·中国农民画艺术节"。

2007 年，第三届中国农民画艺术节吸引了来自 4 大洲 9 个国家的 12 名国外艺术家前来参加活动。

2010 年第四届"秀洲·中国农民画艺术节""赤脚走在田埂上——秀洲农民画作品展"在中信国安第一城开展。7 月承办中国文联的"农民画时代，时代画农民——全国农民绘画展览秀洲研讨会"，活动空前。

2012 年 11 月，第五届艺术节中进行了秀洲艺术中心的开幕式和农民画产业的展览。

2015 年，举办了第六届"秀洲·中国农民画艺术节"，开展了丝府梦·丝路情——2015 中国农民画"丝路行"作品展，以农民画话丝路情，56 个"一带一路"相关的画乡和全国其他画乡参加展览。

秀洲·中国农民画艺术中心举办画展

2. 推进农民画国内外交流活动。在秀洲农民画铸造品牌 30 多年间，积极构建农民画的对内、对外的交流平台。一方面常年与国内画乡保持友好交流活动，共同探讨农民画创作发展；另一方面走出国门，截至目前，秀洲农民画已在澳大利亚、美国、日本、加拿大等 16 个国家举办展览。

3. 推进多层次合作。一方面注重纵横联系。纵向镇村，横向院校、部门拓展，各镇（街道）设建创作基地，纪委设专门的廉政农民画展厅，残联诸多部门都有农民画的创作队伍。与当地院校合作研究课题，于 2013 年，成立了中国美术学院秀洲教学实践基地。另一方面加强与企业合作。秀洲农民画与特色酒店、国际知名服装企业合作等已形成常态并取得效果，农民画还与中信国安集团等央企合作。

（五）三大驱动，迈出农民画产业步伐

1. 政策保障与推动。2013 年，区委、区政府出台了《推进经济转型升级若干政策意见》，并制定了文化强区建设的若干政策意见，在促进农民画对外合作交流、推动农民画产业发展等方面加大了资金保障力度。如对农民画产业化运营主体给予一次性奖励 5 万—10 万元，鼓励企业参加境外重点文化产业博览会，对参展企业每个标准展位补助 5000 元至 1 万元等政策。

2. 成立农民画公司。2013 年 3 月，成立了嘉兴秀洲农民画艺术创意有限公司，该公司由嘉兴市秀宏建设投资有限公司（国资公司）出资，由秀宏集团和区教文体局共同管理，文化馆长兼任总经理。公司以

农民画衍生产品鼠标套件

农民画及其衍生产品开发和销售以及开展艺术培训为主。

3. 实施多元化发展。一方面充分利用阵地功能，通过免费开放、办展、文化交流等形式，发挥艺术中心宣传和集聚效应。另一方面致力衍生产品开发与设计，走向市场，累计开发农民画衍生产品约60多件，同时与旅游密切结合，目前艺术中心"AAA"级旅游景区正在创建中。

三　成效

（一）农民画精品创作与产业协同前进

1. 创作了大量的农民画精品。这些年来，据不完全统计，共创作了3000多幅农民画作品，有1000多幅入选了"中国美展"、"全国农民画展"等全国性展览，获奖300多幅。300多幅作品被中国美术馆、中央美术学院、浙江省群艺馆等单位和国际友人收藏。500多幅作品在《美术》、《艺术世界》等50多家报纸、杂志发表，大量作品被选送美国、德国、法国、日本等20个国家展出。出版了《农民画史料集》、《论文集》、《秀洲农民画优秀作品集》、各类乡土教材等书籍30多册。2014年，8幅农民画作品作为年画入选全国美展，预示着农民画真正走入了高雅艺术的殿堂。

2. 农民画产业初见成效。公司成立两年来，参加国内外展会9次，极大地宣传了秀洲农民画，并实现总收入156.36万元，利润34.11万元，完成了农民画产业的初步探索，逐渐走向稳定与繁荣。

（二）多级梯队画乡建设网络全面建成

通过多年探索实践，迄今为止，已创建秀洲农民画研究院

（全国）、秀洲现代民间绘画画友会（区级）、农民画创作基地 7 个（镇级），农民画后备人才基地 26 个（校级），农民画个人画室 8 个（个人）；市级农民画特色镇 1 个，区农民画特色村 3 个。形成了全国、市、区、镇（街道）、村（社区）、个人多级梯队的画乡建设网络。在这个网络中，通过举办培训班、采风、交流、带徒等途径，有计划、分层次地培养农民画辅导人才、骨干人才和后备人才，培育并引进大量的农民画创作者、理论研究者、产业经营者，全区现共有骨干人才 170 多名。

（三）区域文化软实力得以提升

秀洲农民画画乡建设满足了秀洲人民群众日益增长的精神文化需求，提升了秀洲人民的整体素质，彰显了秀洲文化特色，形成了秀洲"金名片"。更重要的是秀洲农民画画乡建设的做法和经验在全国画乡得到推广，树立了全国画乡的主导地位。

点评：农民画所展现的世界，简单纯朴、自然和谐、知足常乐，带着泥土的芬芳，以稚拙、朴素的笔法，艳丽、明亮的色彩让勤劳善良的农民活跃于纸上。以农民画为特色的秀洲文化，既传承和弘扬了优秀的传统民间文化，促进了秀洲对外文化交流，也丰富了城乡居民的精神文化生活。秀洲农民画体系化品牌建设，代表了在农村基层艺术普及以后，文化事业与产业融合发展，"艺术搭台，经济唱戏"所能达到的高度。

村级文化管理"七个一"模式

一　背景

　　嘉兴市秀洲区一直高度重视村级文化建设，村级文化阵地覆盖率、文化活动开展率、民间文艺队伍组建率整体较好。但同时也存在不平衡的现象。

　　为深入贯彻党的十八届三中全会关于推进公共文化服务标准化和均等化的决定，加强村级文化管理，促进村级文化标准化、均等化建设，从2014年8月开始，秀洲区在全区实行村级文化管理"七个一"模式。通过"七个一"管理，加强村（社区）文化专职管理员队伍，培育村（社区）文化团队，提升村（社区）文化活动中心服务水平，村级文化服务供给的数量和质量有了较大提高。

二　做法

（一）明确管理标准

　　结合近年来村级文化管理的好做法、好经验，根据当前村级文化建设的新要求、群众文化需求新特点以及现代传播技术的新发展，秀洲区将村级文化管理归纳为"七个一"：

1. 树一个公告牌。在村（社区）合适位置通过公告牌做好电影下乡、活动开展等预告，也可通过广播、手机短信等做好预告，让群众知道。

2. 给一份点播单。提供文化礼堂服务项目、电影下乡、演出展览等菜单，如各级文化部门文化礼堂建设服务菜单、电影下乡影片名称菜单、本地文体团队及节目菜单、主题展览等，让群众选择。

3. 填一张反馈表。在活动结束之后注重及时收集群众的反馈信息，让群众评价。反馈项目包括活动时间安排是否合适、活动内容安排是否符合你的需求、你是通过什么途径知道有这个活动、活动效果如何、其他意见建议。

4. 联一个移动服务平台。结合"文化有约"网上平台以及"秀洲文化"微信平台，推进辖区文体团队和服务项目资源数字化建设，让群众互动。

5. 建一项调休制度。文化管理员作息与群众作息形成互补，周末必须有一天在岗，周一至周五其中两个晚上机动到岗，让群众方便。

6. 搭一个自主舞台。充分用好文化礼堂及其露天舞台，发挥群众自主性，开展好小而灵活的文体活动，让群众主导。

7. 创一个品牌。挖掘好各村（社区）资源与潜力，逐步形成文化特色，让群众喜欢。

（二）标准落实举措

为推进"七个一"各项标准的落实，秀洲区通过各项具体措施去推进。比如，关于自主舞台建设，2014 年 11 月，在全区组织开展了文化示范区创建"百姓微舞台"专题演出月活动。具体操作是：由 1 个村（社区）牵头，联合周边 3—5 个村（社区）共同举办，全区总共举办 20 场演出。演出要求节目内容健康向上，群众性和艺术性相结合，可开展文艺节目展演或比赛等。一场文艺演出节目不少于10个，尽量考虑节目形式的多样性。此次专题演出月活动突出群众性，让群众成为舞台的主角，自己来策划、自己来组织、自己来举办文化活动，在文化活动中自我表现、自我教育、自我服务，受到基层好评。又如，关于移动服务平台建设，自2015年起，利用区文化馆网站、微博、微信公共号以及"文化有约"等平台，做好村级文化活动资讯月报工作和文化有约工作，村级重大文化活动资讯每月初将在区文化馆微信平台统一发布，文化有约项目将在区文化有约网站进行公布，进一步加强对村级文化建设的宣传、推介。公告牌、点播单以及反馈表等在探索从实物、从书面形式逐步结合微信等平台，融入数字化，切实提升实效。

秀洲区澄溪村"百姓微舞台"演出

（三）建好管理队伍

村级文化管理的"七个一"主要是要靠村（社区）文化专职

管理员去落实，这支队伍的素质直接影响村级文化管理的实效。在 2013 年首批配备 20 名村（社区）文化专职管理员的基础上，2014 年又配备了 60 名，2015 年实现全覆盖。为加强管理，制定出台了村（社区）文化专职管理员管理办法，对全区村（社区）文化专职管理员的教育、培训、聘用、奖惩、考核等方面作了明确的规定，从设施免费开放、组织文体活动、组建文艺团队、文化走亲、工作特色等方面对村（社区）文化专职管理员进行考核。2014 年，组织了公共文化服务创新、示范区创建、微信平台建设等培训班，提高了村（社区）文化专职管理员的业务素质。2015 年举办专题培训班 4 期，并通过"文化专职管理员成果展示"等平台，激励及促进其专业的成长。

（四）强化基本保障

1. 设施条件。这几年，秀洲区结合文化礼堂建设、农村新社区建设等项目，通过新建、改建、扩建等形式，大力推进村级文化设施建设，为推行村级文化管理"七个一"模式提供了设施条件。2013—2014 年，全区实施村级文化设施建设项目 10 个，新增设施面积 6200 平方米，区财政按照每平方米 400 元的标准进行补助。

2. 业务指导。在强化村（社区）对村级文化建设主体责任的同时，进一步明确了区文化馆、镇（街道）文化站对村级文化的指导职能，构建区镇村三级联动、协调一致的公共文化服务网络。在村级文化队伍组建培训、文化活动组织开展等，区文化馆、镇（街道）文化站对村级文化建设负有组织、指导、协调、监督、检查等职能。

3. 经费保障。为解决村级文化建设资金不足的问题，一方面，通过项目补助、活动补贴、人员补贴等方面，加大区财政对村级文化建设的支持力度；另一方面，畅通村集体投入文化建设的财务渠道，与相关部门协调同意村集体列支文化支出项目。此外，积极吸纳社会力量、社会资金支援村级文化建设。

三　成效

（一）村级文化管理形成标准化

通过实行村级文化管理的"七个一"模式，把村级文化阵地的管理纳入规范化、制度化轨道，丰富了基层文化阵地的服务内容，有效对接了群众文化需求，文化活动的群众知晓率和场馆社

澄溪村文化活动"公告牌"

会效益也得到了提升。根据"七个一"管理模式,公告牌、点播单、反馈表实行统一格式,文化活动预告统一纳入区文化馆移动服务平台,调休制度、自主舞台、特色项目结合各地实际逐步推进,村级文化管理形成标准化。

(二)文化活动开展形成常态化

组织开展文化活动是村级文化管理的一项重要内容,也是体现村(社区)文化活动中心服务水平的一个重要指标。通过"七个一"探索,实现供需的有效对接,充分发挥了阵地功能以及管理员职能,也带动了广大群众的参与性。统计显示,2015年全区"每个行政村每月看1场以上电影"、"每个行政村每年看5场以上戏剧或文艺演出"、"每个行政村每年组织8次以上规模较大的群众文体活动"三项指标比往年更好地得到了落实,分别达到1.23次、5.24次、9.39次。

(三)文艺人才培养形成团队化

2015年年底,全区民间文艺队伍达到445支,比上年有大幅度增加,也出现了村嫂摄影队、阿婆文艺队、横泾书社等一批优秀民间文艺团队。民间文艺队伍自主开展文化活动逐步成为村级文化活动的主要构成。

点评:村级文化是公共文化服务体系中最基层的一个环节,也是公共文化建设的重点和难点。村级文化建什么、怎么建,从操作层面来讲,政府及公共文化机构首先有必要在充分征询基层村民意愿的基础上,因地制宜地确定群众最迫切需要的基本服务项目。秀洲区建立的村级文化管理"七个一"模式,涵盖设施条件、服务规范、现代技术、人员职责、发展目标等多重内容,因地制宜搞建设，为村级文化"自我发展"留足余地。同时，又辅以资源提供、培训辅导、资金扶持、平台展示等要素支持方式，鼓励村民群众参与文化活动、发展当地特色文艺团队，使之逐步成为村级文化发展的主体。

村嫂摄影队：乡村业余团队扶持与培育

一　背景

在新形势下，农村居民生活水平不断提高，许多家庭购买了数码相机，村嫂们的文化需求也在不断增强。嘉兴市秀洲区王店镇在上级文化部门的指导下，组织、引导全镇基层村嫂摄影爱好者，多次开展摄影宣传活动，得到了社会各方赞同及广大村嫂欢迎。2008 年 3 月，王店镇成立了全省首支村嫂摄影队。如今，参加团队的人数从成立时的 49 名发展到 100 多名，活动日益丰富，每年受益群众上万人。村嫂们纷纷拿起手中的相机，用自己特有的敏感和细腻记录着瞬间的美丽，捕捉着新农村的美，共享摄影的快乐，成为基层文化建设的先进典型。

二　做法

（一）挖掘资源，做好宣传

近年来，随着农村广大家庭生活水平不断提高，农村妇女的文化需求也在不断增强，镇文化站紧紧抓住契机，在通过分散召开座谈会进行摸底和了解的基础上，专门召开会议进行宣传发动，引导广大基层妇女干部及村嫂以摄影方式参与文化、享受文化，培养

村嫂摄影队古镇采风

她们的参与激情和摄影兴趣，并融入文化站与镇妇联组织的摄影行列，营造广大村嫂积极参与的良好氛围。

（二）建立组织，育好团队

在文化站的积极引导下，广大村嫂们对各类摄影活动参与热情不断高涨，觉得大家在一起摄影交流不仅丰富了自身的文化生活，更是一次心情的愉悦享受。为了加强全镇村嫂摄影队伍建设，打响村嫂摄影队品牌，进一步发挥她们在学习宣传全镇创新发展、和谐发展、统筹发展中的优势和积极作用，专门为她们建起了"家"，并争取了多级领导的关心与支持。在 2008 年王店赏梅节开幕式活动中，镇党委政府、市、区有关文化部门等领导亲自参加，由时任镇党委副书记、镇长沈菊英为村嫂摄影队授了队旗，村嫂摄影队还聘请了五位专家顾问，统一购置了"摄影服"，制订了活动计划，村嫂们的归属感一下子得到了提升，有力地推动了摄影队的运作。

（三）培训引领，提高水平

区文化馆、镇文化站举办了多次摄影技术培训，并邀请了省、市专家进行实地摄影的技术指导。同时把摄影技术的培训下到基层，几年来各类培训共计100多次，覆盖了所有村（社区）。在此基础上，这些生活在新农村中的村嫂们纷纷拿起手中的相机，敏锐捕捉身边新农村、新农民的新风貌、新景象以及新农村建设中的闪光点，所拍摄的一批朴素、生动的作品得到了大家的普遍认同和赞许。

村嫂摄影培训班合影

（四）组织活动，充分展示

区镇两级还为村嫂们积极搭建展示平台。王店镇每年组织1—

2次全镇性的摄影作品比赛，在镇比赛的基础上选送优秀的作品参加上级组织开展的各类摄影比赛，取得了较好成绩，同时举办各类展览。

2008年从大量的村嫂作品中精选出100多幅制作成20多块宣传图板，举办了"学习宣传十七大 村嫂喜摄新农村"村嫂摄影作品展并深入到22个行政村进行巡回展览。

2010年10月，与嘉兴市文化广电新闻出版局、嘉兴市文联、嘉兴市美术馆、嘉兴市摄影家协会等单位联合在嘉兴市美术馆举办村嫂摄影进城展。

2011年6月，86幅村嫂摄影作品在聚宝湾进行展览，并在第四届秀洲·中国农民画艺术节聚宝湾分会场上进行展示。

2012年6月，在王店镇聚宝湾举办村嫂摄影图片展。

2013年7月，在嘉兴市文化馆举办"向党献礼"王店镇村嫂摄影队成立5周年暨"美丽家园·村嫂梦"摄影作品展。到目前为止，共举办了展览10余次，取得了良好的社会效益。

2014年12月，村嫂摄影队被浙江省文化厅评为浙江省优秀视觉艺术创作群体。

2015年4月，在秀洲中国农民画艺术中心举办"阡陌春色留侬驻"王店村嫂摄影队作品展。

2015年多次组织村嫂摄影队外出采风创作，如长兴银杏林、嘉兴月河古街、王店农业观光园等。

三 成效

（一）形成了特色团队品牌

据不完全统计，村嫂摄影队已有300多幅优秀作品在省、市、区、镇的各级比赛中获奖和报纸杂志上发表，《人民日报》、全国妇女网、《浙江日报》、《浙江法制报》、《浙江今日早报》、《浙江画报》、《嘉兴日报》、《南湖晚报》、浙江卫视、嘉兴电视台、"阿秀嫂"电台栏目等新闻媒体为此多次进行了报道和宣传。

（二）展示了新时代村嫂形象

七年来，村嫂摄影队年活动 10 次以上，直接参与人数 100 多人，群众受益达上万人。特别是 2013 年，一部以村嫂为题材，反映村嫂在摄影过程中的经历为主线，刻画了新时代村嫂形象的微电影——《村嫂梦》顺利开拍，并在 11 月 9 日的王店朱彝尊文化节上举行了首映仪式。2014 年出版了《梅里情村嫂梦》村嫂摄影作品集，并在 11 月 2 日朱彝尊文化节上进行了首发仪式。举着相机们的王店镇村嫂们，自身也俨然是一道亮丽的风景线。

（三）扩大了新农村建设成果影响力

拍新农村成为村嫂们镜头的主要聚焦点。村嫂摄影队在建林村聚宝湾建立了摄影基地，同时随时拍自己身边的景、人、事。拍乡村、拍乡情、拍生活，通过她们的视角，看到了当下新农村最真实的生活新貌。在她们的镜头下，看到了梅里梅花处处的盛景，看到了百岁老人的幸福笑脸，看到了新小区庭院的美丽景致，看到了"五水共治"后清丽的河港。一幅幅优秀作品成为展示新农村建设成果的见证，多次被收集印制在镇党委、政府的宣传图册或资料片中，成为宝贵的素材。

点评：农村基层文化建设，如何发挥家庭妇女的作用？秀洲区王店镇文化站紧紧抓住契机，组织建立村嫂摄影队，在培养兴趣、提升技能、组建团队、积极参与新农村建设宣传报道等诸多方面，作出了很好的表率。此案例值得总结推广的，就是农村文化建设，要找准党政所急、妇女所需、文化所能的结合点，积极发挥新农村妇女参与、引领基层文化发展的优势和作用，拓宽新形势下文化工作宣传新途径，讴歌社会主义新农村建设。

"辣妈宝贝"：打造村级精品文艺团队

一　背景

2005年8月，浙江省嘉兴市嘉善县成立了首支县级艺术团"群星艺术团"，随后，积极培育基层群众文艺队伍，形成以县群星艺术团为龙头，以镇（街道）艺术团为支撑，以村（社区）艺术队为基础的"1+9+X"县、镇、村三级艺术团队模式。嘉善县天凝镇洪溪村的"辣妈宝贝"，正是在该模式下引导发展起来的，一支由土生土长农村妇女自创自办的村级舞蹈队。

2007年，浙江省发起十万农民"种文化"活动，基层文体活动迅速发展，嘉兴市嘉善县洪溪村结合当地群众喜好，举办了农民篮球擂台赛。篮球擂台赛得到全村群众高度关注，也带动了全村文艺队伍发展。每逢球赛前和中场休息时，村文艺队都会在球场上舞动大红的腰鼓棒、跳起火辣的劲舞，为篮球队员们加油助威，被称为妈妈级的"篮球宝贝"。

2011年，"篮球宝贝"组合作为"拉拉队"，在全国女排联赛浙江开元主场连续演出10场，又被媒体亲切地称为"辣妈宝贝"，"辣妈宝贝"由此得名。这支舞蹈队是嘉善县文化志愿者队伍中的快乐天使，也是村干部与村民群众关系的"润滑剂"，为和

— 115 —

谐农村建设作出了崭新榜样。

二　做法

（一）创造有利条件，帮助"辣妈宝贝"快速成长

村委会积极利用和创造各类机会，组织"辣妈宝贝"经常性参加各类文体活动，小到村级文艺演出，大到全国性比赛，帮助队伍快速地成长。据统计，2012年以来，"辣妈宝贝"参加村、镇、县等本地文艺演出，共有100多场次；受邀参加各地卫视以及央视的演出，共计13次。2012年1月，"辣妈宝贝"踏上"中国达人秀"总决赛的舞台，评委们的3个"YES"让"辣妈宝贝"顺利进入到全国50强。"辣妈宝贝"在"中国达人秀"舞台一炮打响之后，又先后3次参加央视一套黄金栏目"舞出我人生"节目录制，在明星组合"至上励合"的"助梦"下，第一轮比赛就获得三名评委一致"YES"和大众评委84票的高分，成功晋级。时任评委黄豆豆现场点评说，"辣妈宝贝"与"至上励合"合作十分好，队形变化特别有讲究，同时这个舞蹈迸发出来的一种状态，也让他们看到一种健康的感觉。周立波评委更是现场寄语，认为"辣妈宝贝"从"蓬恰恰"中找到了人生的真谛，想让身边的"蓬恰恰"影响嘉善"蓬恰恰"，最后让全国农村妇女全部"蓬恰恰"。之后她们又两次参加比赛，"辣妈宝贝"正式"舞"进了中央电视台，圆了"央视梦"。

（二）发挥示范作用，促进村镇和谐共进

在"辣妈宝贝"的带动下，洪溪村的排舞队、秧歌舞队、舞龙队等十多支群众性文体队伍的发展势头十分旺盛，形成了社社有队伍、家家有骨干的良好局面。品种多样、内容丰富的文艺活

动，不仅带动了本村妇女积极参加，更是由点到面影响了兄弟村、周边镇文体骨干的踊跃参与，村里排舞已经从一个点到多个点，人数达 200 多人。在洪溪村每年举办的农民文化体育节中，不乏兄弟村、周边镇的文艺骨干参与其中，文艺会演人员涵盖了老中青三代人，人数超过了 500 多人。参加文体活动已经成为当地农民群众生活中不可缺少的一部分，截至 2015 年年底，全镇参加文体团队的人数已过千人。

"辣妈宝贝"参加《中国达人秀》节目

在丰富生动的文化活动带动下，村里打麻将的基本没有了。蒋引华原本是村里开棋牌室的，生意不错，自从当上了"辣妈宝贝"，就把棋牌室关了。大家一起参加文体活动，邻里关系也变得更加和睦，如村里的何关妹和计玲珍，因为小矛盾几十年没有开过口，为了能登台表演，握手言和，重新成为好朋友。不仅如此，文体活动让更多村民有了集体荣誉感、增加了责任感和归属感。

村民们不仅不上访了，还争着为村里提建议、想办法，为村里、村民解决难题，特别是"辣妈宝贝"们，还积极配合村里开展各项工作。例如，在天凝镇"两新"工程征地过程中，周边村至少需要花半年时间征用的230亩土地，洪溪村只花了短短两个月的时间，就完成了征地任务。

（三）探索品牌完善之路，延伸带动乡村经济

"辣妈宝贝"走上全国舞台后，先后有浙江卫视"舞动好声音"、山东卫视"歌声传奇"、江苏卫视"最炫民族风"多家卫视栏目慕名邀请演出。央视七套"2012中央三农记忆晚会"、CCTV－1"状元360"、CCTV－1"舞出我人生"栏目也分别邀请"辣妈宝贝"录制节目。2013年1月，"辣妈宝贝"还应邀参加了全国乡村春节文艺晚会，舞上了北京人民大会堂的舞台。随着知名度不断提升，影响力不断扩大，天凝镇甚至嘉善县外的一些文艺团队也纷纷请她们辅导、助阵。多年积累，一方面，使这支队伍"业务量"不断增加，一年之中，有不少活动会有偿请"辣妈宝贝"演出或辅导节目；另一方面，"辣妈宝贝"队伍中已是人才济济，既有擅长化妆的"美容师"，也有熟悉服饰行业的"裁缝师"，更有会投资理财的"经济师"。为了进一步夯实基础、树立品牌、拓展空间，兼任"辣妈宝贝"队队长的村书记陈俐勤，经过深思熟虑、广泛征求意见，鼓励全体队员出资，于2013年4月15日正式向国家商标局提出在25类服装、31类鲜活农产品、41类文化演出项目中，申请注册"洪溪辣妈宝贝"商标，成立了"嘉善辣妈宝贝文化传播有限公司"。公司主要开展农副产品销售、服装销售、文艺演出等业务，一支草根文艺队伍，由此为乡村经济注入了强劲的动力。

嘉善辣妈宝贝文化传播有限公司内景

三 成效

（一）舞出新风采，展示新现象

"辣妈宝贝"用她们精彩的舞蹈展现了现代农村妇女的新风采，在迎来一片羡慕目光的同时，满足了基层群众的意愿和需求，让乡村干部更加清晰地了解到村民的需求，实现基层文化产品的有效供给。"辣妈宝贝"建设路径、活动效应，示范带动了嘉善县所有村呼啦啦建起了排舞队、秧歌队、舞龙队等。"以县带镇，打造乡村艺术团建设'嘉善模式'"，也于2013年成功地创建成为全省首批公共文化服务体系示范项目之一。

（二）打造新载体，破解老难题

洪溪村原来是有名的上访村，村书记陈俐勤把以前热衷上访，平时喜欢抛头露面、邻里之间有矛盾喜欢插一杠的"女能人"，都邀请到文艺队里来，自己担任该文艺队队长。"辣妈宝贝"组建以来，村书记积极以文艺活动，转移视线、激发潜能、向上向善，密切了村干群关系，解决了村民实际困难，化解邻里矛盾，整体增强了正能量。上访村从此有了热爱文艺的队伍，有了健康生活的氛围，上访村渐渐成为历史。

（三）文艺暖民心，品牌促经济

"辣妈宝贝"品牌凝聚了村民的心，更促进了乡风的文明和谐。随着"辣妈宝贝"声名鹊起，从农村跳到了城市，从田野跳进了北京人民大会堂，成为全国闻名的"草根明星"。"辣妈宝贝"的舞台越来越广阔，还创造性地走上了与乡村经济融合发展、开展市场化运作、带动乡村产业发展的道路。以"辣妈宝贝"注册的文化传播有限公司，2013年至今，已盈利20余万元。村风正、社会稳，多年来的和谐稳定，促进了洪溪村经济蓬勃发展，村可支配资金在数年之中，由每年不足30万元上升到300多万元。

点评：组建村级文艺团队是农村自办文化的重要方式，是群众自我管理、自我教育、自我服务的重要渠道，也是公共文化服务重心下移的实现方式。"辣妈宝贝"是嘉善县构建农村县、镇、村三级文艺团队的突出代表，充分发挥出了以文化人、以文育人，促进和谐社会建设的重要作用。同时，这一案例也让我们看到，群众业余文艺团队发展完善到一定阶段，可以形成知名品牌，进而能够助力乡村经济发展。

"文化走亲"：区域
联动促进团队建设

一 背景

近几年来，嘉善县文化走亲活动的大量开展，促进了区域联动和"一镇一品"、"一镇多品"基层文化体系的形成，使全县各地的文化特色得到进一步挖掘和弘扬。2014年，县、镇二级开展"文化走亲"活动共63场，顺应了百姓对美好文化生活的向往，迸发了群众文化的活力，推进了公共文化生活发展的新局面，同时也有效地促进了城乡文艺团队服务能力和服务水平的提升。

二 做法

（一）建立基层宣传文化员配备制度，解决"有人做事"的问题

明确每个镇（街道）村都必须配备1名宣传文化员。每个镇（街道）都必须设立综合文化站，配备站长1名，文化干事2名；设立镇（街道）广播站，配备站长1名，广电员1—2名。每个镇

（街道）至少有 6 名以上的工作人员，为基层文化团队工作的开展提供了保障。

（二）建立基层文化团队与"文化走亲"工作经费的保障制度，解决"有钱做事"的问题

建立宣传文化经费投入年度增长机制，要求财政对宣传文化与"文化走亲"工作经费投入增长率不低于财政收入增长水平。最近三年，全县每年投入 300 万元，为基层文化团队与"文化走亲"工作的经费提供了保障。同时，积极引导社会资金以多种方式投入基层文化团队建设与"文化走亲"活动，兴办公益性文化品牌活动。每年有 40 万元专项经费用于评选优秀民间文艺队伍，取得了良好的社会效益。

（三）建立基层文化团队与"文化走亲"工作量化考评体系，解决"做多少事"的问题

基层文化工作量"面广量大"、内涵丰富。通过制定年度文化团队工作考核办法，将基层文化团队与"文化走亲"工作量化考核，工作内容以表格形式表示，形成制度。在日常工作中，有效地推动了"文化走亲"工作量化和常态化开展。

（四）建立基层文化团队与"文化走亲"工作联席会议机制，解决"怎么做事"的问题

如每季度召开一次出文化系统各单位主要领导、各镇（街道）文化站长等人员参加"文化走亲"活动的工作联席会议。通过联席会议机制，各个单位互通有无、交流协作，及时总结推广好的经验做法，有效地促进了"文化走亲"活动的整体质量提高与总体水平的上升。

（五）建立基层文化团队与"文化走亲"工作巡回督查制度，解决"要做成事"的问题

每年由县委宣传部领导、文化局分管领导带队，其他成员参加，通过与基层党委、政府主要领导面对面，交流督查基层宣传文化工作、基层文化团队与"文化走亲"活动情况，增强做好基层文化团队建设的责任感和主动性。考核小组对照年度基层文化团队建设考评项目逐条考核。考核机制强有力地推动了"文化走亲"活动的蓬勃开展。

（六）建立基层文化信息联络员配备制度，解决"群众知晓"的问题

建立"以县带镇，打造乡村艺术团建设嘉善模式"的基层文化信息联络员的配备制度，县、镇（街道）领导成员加强对外沟通、协调，按要求报送相关队伍名单。在工作督查、督导中，了解活动宣传进展情况，协调落实具体问题，解决宣传不到位、群众知晓度等一系列问题。

县、镇（街道）加大宣传力度，新闻媒体从基层文化团队的建设与活动的各项工作中注重宣传报道。通过制作播放公共文化公益广告，发放宣传资料，与数字电视、网络平台、手机平台合作等方式，全方位宣传县、镇（街道）基层文化团队的建设、"文化走亲"取得的成效与成果。

三　成效

"文化走亲"活动的工作机制推进了基层文化团队建设，为各乡镇（街道）艺术团和村级（社区）文艺团队搭建了交流展示平台，使各艺术团活动"面"更加广阔，"点"更加活跃。

"文化走亲"机制在实践中不断提升，"走亲"范围也在不断拓展，走亲最远到了江西上高。还积极融入上海、长三角，如规模大的有"'水韵乡情'嘉善田歌走进上海"专场文艺演出。

"文化走亲"与"以县带镇"相辅相成，城乡艺术团队水平不断提升。2015 年获得奖励的 45 支乡村文艺队伍中，一星级 33 支、二星级 11 支、三星级 1 支。

2013 年度，嘉善县文化广电新闻出版局（体育局）荣获浙江省"文化走亲"先进单位荣誉称号。

浦东、上高、嘉善"文化走亲"文艺会演

点评：嘉善县在推进基层文化团队建设中，积极探索文化精品普惠群众的机制，使全县各艺术团队在服务基层、对外交流、活动成效上有所突破。特别是以"文化走亲"模式创新，着力解决"有人做事、有钱做事、做多少事、怎么做事、要做成事"等问题，扎实加强基层文化团队建设，经验可借鉴、模式可推广。

镇级文化中心社会化管理运营

一 背景

为进一步转变政府职能，促进政府和社会的合作互动，提高政府向社会组织购买公共服务的效益，嘉善县根据《关于加快推进政府购买社会组织公共服务的指导意见》（善委办〔2012〕37号）文件和《嘉善县人民政府办公室关于印发政府向社会力量购买服务试行办法的通知》（善政办发〔2014〕107号）文件精神，积极探索乡镇文化中心社会化运作方式。

嘉善县魏塘街道属于城关镇，由于城区已经拥有县图书馆等县级文化设施，为辐射更多的农村群众，最终将文化中心选址定在位于街道北侧的中心村——魏中村，该村集聚本地居民有5000人，新居民5万人，群众精神文化生活的需求较为强烈。新建的魏塘街道文化中心建筑面积2723.2平方米，广场面积为3000平方米。文化中心建设初期，街道就面临"谁来管？怎么管？"的问题，因为根据文化中心的体量，至少需要8位以上的工作人员，每年的人员经费就需要25万元多。那么如何克服文化中心运作供给不足、成本过高、效率低下的问题？

魏塘街道文化结对单位——上海闸北区临汾路街道通过民办非企业组织经营管理文化中心的案例拓宽了思路。在分析了种种利弊之后，魏塘街道最终决定采用政府购买社会服务的方式，即

"政府承担、定向委托、合同管理、评估兑现"的新型公共服务提供方式。为最大限度地激发工作人员的积极性，让辖区群众充分享受公共文化资源，最终决定与民办非企业组织嘉善众悦文化服务中心合作，首次尝试社会化运作方式，于2014年5月23日正式向社会开放。

二　做法

（一）强化理念，找准定位

本着政府从"办文化"向"管文化"转变，把文化中心建成百姓欢迎、社会叫好的活动中心，县文广新局和魏塘街道进行了前期调查和学习考察。

首先，统一思想。改变过去镇级文化中心"等（等群众上门）、靠（靠上级政府给政策、给资金）、要（要钱办活动）"的思想，充分发挥魏塘街道的各项优势，走出一条群众文化工作的新路子。

其次，博采众长。采取了"向东看"和"向西学"："向东看"——向全国精神文明建设的先进标杆上海市闸北区临汾路街道取经；"向西学"——向宁波市鄞州区横溪镇、邱隘镇借鉴先进经验。

最后，消化落地。在认真学习分析两地先进经验的基础上，对自身实际情况进行对比分析，经过再三论证，确定了魏塘街道综合文化站的发展模式：以部分免费和部分公益性收费相结合的方式向社会提供公共文化服务，所收费用全部用于维持街道文化中心正常运作的必要开支，人员经费由街道财政保障。

（二）培育公共文化服务社会组织，合同管理规范运行

在引入民办非企业组织经营管理镇、村文化中心方面，各地尚处于摸索阶段，魏塘街道经过多方比较，决定与魏塘众悦文化服务中心（民非组织）签订试运行合约，并将文化中心的规范化运行写入合约。至此，魏塘街道文化中心开始尝试以部分免费和部分公益性收费相结合的方式向社会提供公共文化服务。经过三个月的试运行，魏塘街道于 2014 年 9 月与众悦签订《关于魏塘文化活动中心委托管理服务的合约》，明确了政府和社会组织双方的职责和权益。比如，规定政府职责：政府承担文化活动中心年度人员、大型项目等的支出。按照 10 个额定人工，每年向众悦拨付 30 万元的人员经费，其中 24 万元为基本报酬，按季度拨付，6 万元为考核报酬，根据年度考核情况年终一次性拨付。众悦职责，坚持街道文化活动中心服务的公益性原则，按照中心服务标准，不断满足基层群众的基本文化需求，为广大基层群众提供优质的

嘉善县魏塘街道文化中心社会化管理运营签约仪式

文化服务；全面负责魏塘文化活动中心的日常运作管理，包括人员管理、环境秩序管理、安全管理和资产管理，年完成大中型公益活动项目48个，活动150场次（不包括电影放映），服务18万人次。激励机制：完成《服务合约》规定标准的，年终由政府财政奖励中心负责人1万元；超过或者不足的，按照2000元/万人次的标准同比例追加或者扣除。

根据《服务合约》规定的职责和激励机制，众悦在实际操作中体现出了市场化运作的优势：一是延长服务时间，服务时间是每天9：00—20：30，每周周一休整，全年无其他节假日，每天开放时间长达11小时，每周为66小时。二是压缩服务人员，在保证完成《服务合约》任务的基础上，众悦执行主任尽可能地压缩人员成本。这种合同化购买社会服务的模式，使得合作双方分工明确，适度的培育和引导，使众悦明确了服务项目和服务目的，有效激发了众悦的服务积极性，同时也规范了众悦的服务。

（三）突出项目，吸引群众参与

首先，众悦内部成立了理事会，理事会根据文化中心的功能与服务项目，进行了管理与服务岗位的梳理，制定了详细的职位说明书，明确各岗位的职责和相应的待遇，为科学管理、激发工作积极性奠定了基础条件。之后，又不断完善岗位责任制的考核与绩效评估奖惩办法，形成一个优胜劣汰的良好竞争上岗机制，确保了服务质量的提高。

其次，众悦通过各级项目配送以及中心项目策划"两条腿走路"的方式，努力拓展服务内容，吸引更多的群众走进文化中心，享受文化服务。各级项目配送：县级宣传文化部门分别将全国"微散文"大赛颁奖典礼、全县电视歌手大赛等项目派送到文化中心，街道文化站将连续8周的"蓝海木业杯"魏塘好声音和连续7周的魏塘全民排舞赛派送到文化中心，为中心博得了大量的忠实观众。

另外，市、县、街道组织不同类型的配送培训，不仅提高了街道业余文化队伍专业素质，也吸引了一批新队员的入驻。在接受各级配送的同时，中心自食其力，积极策划各类公益活动项目，如开展"众悦"杯桌球赛、乒乓赛、"你寻我放"读者趣味活动、征文比赛、讲故事比赛、巧手吧、公益培训汇报演出、电影天天放等活动，每周"众悦"都会推出琳琅满目的"文化菜单"，力争用丰富多彩的活动项目，满足不同人群对文化活动的多元需求。

三　成效

魏塘街道文化中心购买社会力量运营的做法，在工作机制、机构设置、模式创新方面都打造了示范样本，成为嘉善县域科学发展示范中"创新社会管理"的展示点，入选了《浙江省基层公共文化创新案例（2013—2014 年）》、《浙江文化月刊》（2015 年第 4 期），并先后刊登在《中国文化报》（2015 年 6 月 17 日头版）、《中国文化报》（2015 年 7 月 22 日第五版）。

（一）社会效益提升

为了确保嘉善县魏塘街道文化中心的公益性功能，镇级文化活动中心的社会化运作方式对街道图书分馆等的各类服务、培训和送文化活动进行指标管理。目前，众悦已逐渐成长为完全能够独立策划、组织各种活动项目的文化服务机构，在两年来的时间里，共接待群众 28.59 万人次，图书分馆接待 25.34 万人次。不俗的业绩大大超过预期，文化中心社会效益得到了提升。

（二）参与群众受益明显

2014 年街道文化中心广泛开展各类群众性文化活动，举办了多项文化品牌活动、开展了"一村一品"的文艺演出、电影放映、

魏塘街道图书分馆

培训等活动。2014 年以来，承办和举办活动 815 场次，其中文艺演出 102 场次、体育活动 21 场次、电影放映 553 场次、培训 46 项 285 次、展览 11 次，形成了"周三大舞台"、"周末戏曲苑"和"文化积分银行公益电影天天放"三大中心群文品牌。文化中心逐步成为魏塘群众生活的乐园、学习的校园、文明的家园。

（三）满足了群众多元需求

1. "惠民卡"的发放和对周边新居民推出半价卡消费的服务方式，让群众每次只要花费 2.5 元就可以打半天的乒乓球和桌球，只要花费 1.5 元就可以观看一场演出或者电影。

2. 文化菜单的推出，如开展"众悦"杯桌球赛、乒乓赛、"你寻我放"读者趣味活动、征文比赛、讲故事比赛、巧手吧、公益培训、电影天天放等活动，让不同的群体根据自己的喜好走进中心，参与活动。

3. 上级各类群文活动的配送，让群众享受到层次不同、类别不同的文化套餐。

另外，与"星艺缘"、"上海嘉辰沪剧队"等民间艺术团队的合作，也丰富了中心的服务内容，满足了不同群众的多元需求。

点评：引导和鼓励社会力量通过多种途径和方式参与公共文化服务，一直是公共文化服务体系建设的重要内容。2015 年中办、国办印发的《关于加快构建现代公共文化服务体系的意见》，更是明确要求创新公共文化设施管理模式，提出在"有条件的地方可探索开展公共文化设施社会化运营试点，通过委托或招投标等方式吸引有实力的社会组织和企业参与公共文化设施的运营"。嘉善县魏塘街道文化中心创新管理机制，委托社会组织参与设施运营，为我们提供了一个内容翔实、运行有效、经验可鉴的典型案例。

"欢乐平湖"：城乡互动
促进均衡发展

一　背景

推动社会主义文化大发展大繁荣，加快构建现代公共文化服务体系，是保障和改善民生的重要内容。近年来，平湖市在持续探索、实践保障城乡群众基本文化权益的具体实现方式，结合浙江省公共文化服务体系制度设计课题"城乡群众基本文化权益内容及量化指标"的研究，设计了以"欢乐平湖、城乡互动"为载体的群众文化活动样式。自 2009 年起，平湖在全市开展了"欢乐平湖、城乡互动"群众文化品牌建设。2011 年 12 月，正式成为浙江省首批 10 个公共文化服务体系示范项目之一。

二　做法

自 2009 年起，平湖市开展了"欢乐平湖、城乡互动"品牌建设。以"欢乐村落"送戏下乡活动为主基调，其目的是以"送文化"带动"种文化"，更加突出"育文化"，强化了文化活动的互动性，培育文艺骨干的针对性，文化服务的全面性。据统计，

2009 年开展送戏下乡 261 场，观众 33.5 万人次。

2010 年开展了"欢乐城乡"镇（街道）特色文艺大展演，昔日城市文化送戏下乡，今朝农民送戏进城，城乡文化互动，成为平湖文化建设的一道亮丽的风景线。"欢乐城乡"镇（街道）特色文艺大展演，利用七、八两个月星期六晚上，在市区南市广场上为市民奉献 9 台具有各镇（街道）特色的文艺大餐。农民自编自演，乡土味实足的献演，驱散"三伏"炎热的高温，给市民带来丝丝凉意，每场均能吸引着数千城市居民前来观看，并且，越看越有味。据不完全统计，2010 平湖市镇（街道）特色文艺大展演，演职人员达到 1500 余人，观众人数达到 8 万多人次。之后，市文体局对演出节目进行点评提高和评优工作，评出了最佳人气奖、最佳表演奖、最佳组织奖各 3 个。并选取部分节目在"2010 中国·平湖西瓜灯文化节"期间上演一场各镇（街道）特色文艺精品展演。送戏进城既是对这几年平湖农村"种文化"成果的检验，充分展示农村文艺团队风采，又是促进城乡文化互动发展，激活城市居民文化热情的平台，扩大基层文化的参与度。

2011 年开展了"欢乐平湖"镇（街道）文化走亲活动，在"走"字上下功夫，加强城乡文化的融合和交流。"欢乐平湖、文化走亲"系列活动是 2011 年平湖市创新活动载体，突破市场分割、区域分割，打破层次限制，实现城乡文化优势互补，多元活动主体共同发展的新路子。在促进区域文化资源有效整合，创新"送文化"、"种文化"载体，繁荣基层文艺创作，发挥基层文艺骨干主力军作用等方面寻找到了一条科学发展之路。"欢乐平湖"镇（街道）文化"走亲"系列活动，作为群文活动品牌，历时 4 个月，于 2011 年 10 月 29 日圆满完成。本次活动共开展"走亲" 9 场，"接亲" 9 场，参加"走亲"活动的演职人员 1225 人，演出节目 135 个，其中，新创作的节目 26 个，观众人数达到 30970 人次，在社会上引起了极大的反响，取得了明显的成效。

2012 年在此基础上，开展村村演工程。历时三个月的"欢乐平湖、百村演"圆满成功。三个月来，平湖城乡处处洋溢着节日的气氛，老百姓自己烹饪的文化大餐受到了热捧，老百姓也能成为"明星"，成为街头巷尾的热议。"欢乐平湖、百村演"演出了新气象。据统计，2012 年"欢乐平湖、百村演"，共计演出 102 场，参与观众 14.15 万人次，参加演出的文艺骨干 6646 人，演出节目 1355 个，其中，新创作节目 633 个，占 46.7%，共计投入资金 187.34 万元。"欢乐平湖、百村演"取得了丰硕的成果。

2013 年起，结合嘉兴创建国家公共文化服务体系示范区，平湖进一步"以人民为中心"，转变观念、创新机制，提升活动规模和水准，开展了"欢乐平湖、民星会"五大展演，真正让老百姓成为舞台的主角。采取立足基层、覆盖全市、逐级进阶的办法，在村（社区）海选的基础上，在镇（街道）层面开展汇报演出，最后在市级层面开展 5 场展演。展演样式紧密结合群众喜好，分排舞、原生态民间艺术、龙舞、曲艺、民间器乐。这一新的机制，十分有利于打造平湖群众文艺精品，成为做大做强"欢乐平湖"群文品牌重要载体之一。

2014 年，随着示范区创建逐步深入，"欢乐平湖、梦圆舞台"成为覆盖全市、贯穿全年、惠及全民的系列活动。整个活动分为：我行我秀—草根达人秀系列；田野梦歌—精品展示系列；舞台精品—培育系列。其中，我行我秀—草根达人秀系列，在实施过程中，创新了"舞台＋网络＋电视"的新模式，取得了较好的社会效益，群众对文化活动的参与度和满意度均有明显上升。

2013 欢乐平湖·民星会

2014 欢乐平湖·梦圆舞台展演

三　成效

（一）建立了"欢乐平湖、城乡互动"工程长效机制

平湖市委、市政府出台了《关于进一步加快推进文化强市建设的若干政策意见》，建立了专项资金 100 万元。市文广新局会同市财政局，出台了平湖市《送文艺下基层资金补助奖励办法》和《业余文体团队考核补助办法》等配套文件。

（二）培育了一大批基层文艺骨干

通过省、市及镇（街道）和村的多级文艺团队参加的送戏下村（社区）活动，不同层次文艺骨干的同台表演，把"老百姓舞台"演绎成既是交流又是培训，既是交心又是交技，不是一"送"了之，万事大吉，而是在"送"字上转方式、在"种"字上下功夫、在"育"字上求突破。形成"'送'为基础、'种'为重点、'育'为根本"的全新模式，这一模式贯穿了"我搭台，你唱戏，明星就是你"的"群众主体文化观"。

（三）培育了一大批热心基层文化的新农民

农民参与文化活动的热情是衡量文化活动成败的一个标准，也是体现公益性文化活动服务水准的一个标尺。由于农村文化阵地的缺失，文化活动的枯燥，喝酒、打牌、看电视已成为农民劳动之余的主要娱乐内容。为了解决这些长期困扰农村文化工作的难题，实施"欢乐平湖"工程，促进了人的潜能全民转"正"，极大地培育了广大农民关注、参与、热心文化活动的积极性。

（四）活动载体不断创新

自 2009 年开展以来，通过送（送戏下乡）、育（培育人才）、走（文化走亲）、办（自办活动）等形式，取得了"文化为民、文化惠民"的新成果。2014 年又创新"舞台＋网络＋电视"的活动载体。海选在各镇（街道）、村（社区）的舞台上外，还通过平湖"西瓜网"进行视频上传，观众投票的方式，产生 3 名选手参加复赛。同时，在海选、复赛、决赛阶段均对精彩节目进行电视录播，让没有来到现场观看的群众，在电视上也能观看达人秀的表演。

点评：平湖市在开展群众文化活动中，注重普及和提高，注重"送文化"与"种文化"相结合，注重城乡和农村的互动发展。从"送戏下乡"到"送戏进城"，从"文化走亲"到"百村演"，从"民星会"到"梦圆舞台"，每年有所侧重、有所突破，在长效、常态中提升，在巩固、创新中发展，具有历时长、参与广、影响大等特点。力求打造精品、培育团队、搭建平台，让群众在参与活动、享受文化中得到精神的愉悦和能力素质的提高。平湖的做法是群众文化活动品牌化、体系化发展的典型案例，较好地满足了各类人群的文化需求，促进了公共文化服务的均衡发展。

"草根达人秀"："舞台+网络+电视"传播方式

一　背景

2014年，平湖市在实施"欢乐平湖、梦圆舞台"系列活动过程中，以"舞台+网络+电视"的全新方式，成功推出"我行我秀——草根达人秀"。由于全开放、多渠道、机制新，大大提高了全市群众的知晓度、参与度和满意度，带动了媒体收视率上升，促进了新老媒体融合，扩大了优秀活动内容的传播，综合效益明显提升。

二　做法

（一）参赛人员突出草根性

为了充分体现以基层群众为主体、为主角，活动谢绝非草根性的三类人员参赛：一是文体系统在职专业人员［包括镇（街道）综合文化站干部、工作人员、村（社区）专职文化管理员］；二是教育系统艺术专业教师；三是在近年来获得过嘉兴市级各类艺术比赛金奖的个人或集体。突出参赛人员的草根性，目的就是打造真正属于群众的文化主场，激发群众的参与热情。活动设计了直白易懂、动员性强的宣传口号：只要你有表演的欲望，只要你有上舞台的勇气，你就能成为舞台的主角。为此，2014年，参赛人员的结构较上年有了显著变化：有七八岁的儿童，也有六七十岁的老人；表演形式更加多样：有舞蹈、音乐、器乐、口技、球艺、脱口秀等。草根表演，虽质朴无华，但生动丰富、可看性强，群众关注度、参与度、满意度高。

（二）活动参与自下而上海选

4月，"草根达人秀"系列活动，先在全市各村（社区）开展海选。6月，在村（社区）海选基础上，推进到各镇（街道）竞赛。8—9月，在镇（街道）决出优胜者的基础上，推进到市决赛。据统计，2014年"草根达人秀"系列，全市开展海选35场，参加竞赛选手1986人，演出节目627个，累计现场观众5万余人次（不包括数量庞大的电视观众）。8月29日，30个节目在文化馆剧场开展复赛，其中16个晋级总决赛。9月26日，中国·平湖西瓜灯文化节期间，"欢乐平湖·梦圆舞台"之"草根达人秀"总决赛在南市广场隆重举行。决赛当晚，16个节目激烈争夺一、二、三等奖及若干优秀奖，展演精彩纷呈，场面宏大热烈，广场观众云集。

（三）活动载体"舞台＋网络＋电视"

"草根达人秀"系列，自2014年起采用"舞台＋网络＋电视"的崭新模式，海选在各镇（街道）、村（社区）的舞台上演出，观众投票推举选手逐级进阶，同时，入选节目通过"平湖西瓜网"进行视频展播。在海选、复赛、决赛阶段，电视台均对精彩节目进行电视录播，通过电视台播放，让无法到现场的群众也能观看欣赏。

"百姓大舞台·民星耀新仓"草根达人秀海选

三　成效

（一）宣传平台扩大，群众对文化活动知晓度提高

平湖市文广局加大活动统筹，加强群众文化活动与电视、网络媒体对接，从下发活动方案起始到活动全过程，实施媒体全程跟踪宣传、报道、展播。电视和网络媒体，形成了对全市群众宣

传动员的有效覆盖，极大地提高了知晓率和参与度。

（二）城乡联动，全社会对文化活动支持度提升

由于得到具有一定信息权威性的电视和主流网络媒体支持，活动在社会的公信力和动员度显著增强，各级各部门配合支持的力度明显加强，形成统一部署、组织到位、上下联动、多方协同的良性格局。活动的保障力度也大大加强，不仅市级层面对村（社区）、镇（街道）的活动实施"以奖代补"，镇（街道）也给予配套资金补助。

（三）发现、推出一批优秀民间文艺人才

海选、竞赛中不断涌现出草根文艺新秀，如蔡煜辉以二胡独奏《战马奔腾》获得了草根达人秀的总冠军，现在已被上海音乐学院附中录取。林埭镇文艺骨干王美英的故事《鹅头女婿》，方言味实足，讲得惟妙惟肖。当湖社区的护士屠明善，在总决赛中以《父亲》为主题的沙画表演，打动了在场的众多观众，受到了好评。这些优秀人才和节目，经主流媒体展播，得到了社会的广泛认可，充实了群众文艺发展的力量。

点评：来自平湖的这一案例，具有三方面十分突出的创新点：一是理念创新，改变了过去专业机构、专业团队、专业人才演出，普通群众观看的旧格局，真正使人民群众成了舞台的主角，自此而始，群众既是享受者、欣赏者，也是创造者、表演者和评判者。二是方式创新，再造了过去"送文化"一场场孤立演出的旧方式，让一个"秀"转化为长达半年、全民互动、万人空巷的大活动，活动的效应空前放大。三是机制创新，打破了过去群众活动与主流媒体"不相往来"的旧壁垒，推动了媒体宣传

报道重心下移，促进新老媒体融合，以群众关切成功吸引了群众的视线，还传播了优秀群众文艺作品，塑造了群众喜爱的草根明星，打开了群众参与的想象空间。

实体数字文化馆：公共
文化体验新空间

一　背景

　　加快推进数字文化体验馆建设，既是丰富公共文化服务载体和手段、提高服务效能的需要，也是嘉兴及平湖创建全国公共文化服务体系示范区的一项重要任务。基于以上认识，平湖市文化馆在充分借鉴全国各地数字文化体验馆建设经验的基础上，紧密结合市公共文化服务体系建设实际和扎实开展全民艺术普及的需求特点，精心设计、建造了综合集成、一站提供、自助体验、面向区域，可线上线下结合的服务平台，拓展和延伸了文化馆的服务能力。在此基础上，采用社会专业组织托管的办法进行数字文化馆的日常服务运营，创新了面向公众的艺术服务方式，催生了新的增长点，培育了新型服务组织，也形成了文化事业与产业融合发展的新经验。

二　做法

　　平湖市数字文化体验馆位于市文化馆内，原一楼展厅位置，面积约500平方米。主要建设内容为：群文书法数字体验厅、美术创作数字体验厅、群文舞蹈数字体验厅、平湖派琵琶教学体验厅、平湖钹子书数字教学体验厅、群文声乐教学体验厅、特色文化展示厅、互动娱乐自助休闲文化体验厅等主厅。主要为市民提供全景、真实的数字自助体验公共文化服务。具备的主要功能：一是"实体数字文化馆"互动、自助功能；二是"虚拟数字文化馆"全景式艺术体验功能。

（一）建设"实体数字文化馆"，创设文化艺术互动体验新空间

在"实体数字文化馆"中，以文化馆基本服务项目为依据，结合平湖基层群众艺术普及需求特点，建设多样式群众文化艺术活动数字化自助体验学习区域，每个区域大约 50 平方米，大致涵盖现阶段的群众文化各艺术门类。在平湖实体数字文化馆中，群众可自主、自助式地进行舞蹈、音乐、戏曲、摄影、书法、互动拍照、儿童互动娱乐、数字资源下载等浏览、查询、学习和练习活动。另有数字信息管理发布、数字艺术资源展示、到馆人群大数据采集等先进功能。具体分区为：群文舞蹈自助体验区、群文声乐自助体验区、群文戏曲自助体验区、群文美术自助体验区、群文摄影自助体验区、群文书法自助体验区、地方特色文化自助体验区等。走进实体数字文化馆，在数字化信息系统的引导下，选择进行某群众文化艺术门类的互动式体验，数字化、互动式、生动丰富的内容、便于掌握的学习和练习方法、赏心悦目的实体空间，吸引着更多市民特别是广大青少年到文化馆亲身体验。

（二）建设"虚拟数字文化馆"，实现全景式艺术体验功能

"虚拟数字文化馆"全景式艺术体验平台，是数字文化馆线上建设的重要组成部分，它是以网络为基础，将建筑设备、演出活动、群文辅导、视觉展览等全部可视化、信息化、数字化。其主要

平湖市实体数字文化馆

功能是以数字网络技术为支撑，应用360°全景软件，制作线上虚拟文化馆场景，便利人们远程感受文化馆浓郁的文化气息、丰富的文化资源，享受各种文化艺术服务。"虚拟数字文化馆"全景式艺术体验平台建设，揭示出传统文化馆向线上线下结合、远程、可视化、互动体验式服务发展的基本方向。

平湖"虚拟数字文化馆"全景式艺术体验平台，强化了导览性、交互操作性，画面质量高、互动性强。高清晰度的全屏场景，使实体文化馆各个细节在线上得到全景展现，为市民经由网络远程参与文化活动创造了十分便利的条件。该平台设置了"群文艺术展厅"、"群文艺术教室"、"群文艺术剧院"等多个板块，立体展示文化馆免费开放的基本服务和各种特色文化服务。其中，"艺术展厅"设有美术、书法、摄影等功能，常年展示多种艺术门类群众创作精品和专题比赛优秀作品，一方面为市民提供交流学习的线上场地，另一方面也激发了群众参与艺术创造的热情。"艺术教室"设有声乐、舞蹈、书法等线上课堂，汇集多门类优秀艺术老师的精品课程，为市民提供免费在线学习服务，其中一些短小生动的"慕课"，还可通过微信直接发送至移动端。"艺术剧院"设有演出、活动、预约、订座等功能，可实时展演、可随时点播各级各类优秀文艺演出，各类优秀群众文艺团队可预约活动场地，众多为群众喜闻乐见的团队和作品因此得到及时推介和传播，城乡群众既能选择心仪的演出进行远程订座，也可以随时在线欣赏精彩纷呈的文化盛宴。

三　成效

（一）线下"实体数字文化馆"与线上"虚拟数字文化馆"同步发展

平湖在数字文化馆建设工作中，实行线下"实体数字文化馆"与线上"虚拟数字文化馆"同步发展，极为有效地拓展了群众文化艺术服务空间。线上与线下同步发展，市民们无论是"到馆"还是"在线"，均能实质性、全方位地参与各类文化活动，真实、有效地打通了公共文化服务"最后一公里"。

（二）实体数字文化馆与群众文化服务体系无缝对接

平湖为了最大限度地释放实体数字文化馆的服务效能，将位于文化馆内的实体数字文化馆，与覆盖整个区域的群众文化服务体系无缝对接，与镇文化站及村级文化中心无缝对接。实体数字文化馆开展的活动，可实时、同步传送至乡镇文化站及村级文化中心，网络课堂同步教学，视频内容随时点播，服务便利、受众广泛、省时省力。

实体数字文化馆书法体验

（三）数字文化馆建设、管理、运行、保障同步推进

平湖市数字文化馆建设经过了精心设计，充分考虑了数字文化馆建设、管理、运行与保障，为数字文化馆长效化和与时俱进打下良好基础。该馆由社会专业组织承担运行，配备了精干的声乐处理、视频处理、图片处理、文字处理等有一定专业技能的人才。目前，负责专业运行的社会组织，已在完成日常基本服务项目的同时，建立了与共青团、教育等部门以及老年大学、相关学校等的跨部门协同运行关系，而且不断开发、推出适合不同部门要求、不同群体需求、不同时段特点的新型服务项目，使得数字文化馆渐趋满负荷运行状态，逐步实现潜在服务效能的最大化。

点评：传统文化馆向何处去？长期以来困扰着文化行

政部门和文化馆行业。在数字网络快速发展的背景下，文化馆数字化改造和提升怎么办？也是文化馆行业迫切需要破题的重要现实问题。平湖市在精心设计、通盘考虑的前提下，大胆尝试、积极创新，成功推出较为完善、实用性强、有鲜明"互联网＋"特点的实体数字文化馆，为文化馆领域深化"数字化"建设，提供了较为成熟的"平湖样本"。

"一人一艺"：全民
艺术普及公益大培训

一　背　景

  2013 年，海盐县文化局（体育局）在全县范围内开展万人公益性文化体育大培训，为城乡居民提供多样化文化服务，并取得显著成果：全年共举办排舞、美术、摄影、古筝、戏曲、轮滑、台球、网球等公益性培训项目 45 个，共 261 期，培训人数 17457人次。2014 年，海盐县文化局（体育局）继续推进和深化全民公益性培训工作，提出"一人一艺"的口号，旨在使公益培训全民参与，提升全民文艺素养。

二　做　法

（一）健全网络体系，公益培训遍城乡

  为了更好地"关注民生、惠及民生"，满足市民对于文艺表演、科学健身专业指导的需求，公益大培训时间贯穿全年，分县、镇、村三级多层次展开，范围覆盖全县城乡。

  1. 强化项目管理。海盐县文化局（体育局）将公益性大培训作为重要惠民项目，列入县级工作重点。局办公室每两个月定期进行一次完成进度的督查督办，通报督查情况，并健全台账管理制度。通过严格督查、狠抓落实，建立发现问题、分析原因、化解问题、完善制度的长效机制。

2. 整合利用资源。为实现"一人一艺"万人培训大目标，海盐县文化局（体育局）充分利用全县各类文化体育设施，将全年工作细化分解，落实到局属各单位和各镇（街道）文化站，建立起以县文化馆、县图书馆（张元济图书馆）等县级文化场馆为龙头，以各镇（街道）文化站为基础，以各体育协会为依托，构建起组织健全、层次多样、覆盖城乡的培训网络体系。

3. 加大宣传力度。为鼓励民众积极参与，海盐县文化局（体育局）充分利用县电视台、新闻网、手机报、政务微博等平台，做好培训前期、中期、后期的动态宣传工作。培训前，将培训计划方案及时公布，扩大公益大培训的知晓率；培训中，及时跟进培训过程，发布公益大培训的最新情况；培训后，通过总结展现培训效果，不断提升公益大培训的影响力。自全县公益大培训开展以来，新华网、《嘉兴日报》等多家媒体均有相关报道。

（二）推进"两员"建设，基层培训添活力

各单位开设的培训课程在教学质量上有可靠保障，培训老师除有丰富职业知识、技能的专业人士外，文化下派员与村级专职文化管理员成为公益大培训的一支重要力量，为基层培训增添了活力，在他们的带动下，全县基层文艺活动蓬勃发展。

1. 实现"两员"队伍全覆盖。海盐县2010年在全省首创文化下派员制度，2013年启动村级专职文化管理员招聘工作。2014年继续以"两员"建设为重点，推进文化系统人才队伍建设，上半年开展了第二轮村级专职文化管理员招聘工作，累计招聘了文化下派员9名，村级专职文化管理员99名，在全省率先实现镇

（街道）文化下派员、村级文化管理员全覆盖的目标。

2. 提升"两员"队伍素质。2014年2月、6月，开设全县文化下派员和村级专职文化管理员素质提升工程培训班，该培训列入县委党校培训计划。每期培训班邀请文化系统的一线骨干老师授课，针对"两员"工作需要和职责，开设精神文明、政策法规、管理职责、群众文化技能等实用性课程，以集中授课、参观学习、技能比武、才艺表演等多种交流互动的形式展开，历时5天。

3. 健全"两员"制度考核。制订出台《海盐县文化下派员"双重"管理考核办法》，将积极做好文化培训工作列入考核内容，并要求协助下派镇以外其他镇（街道）艺术指导、培训两期以上。通过文化下派员的互相走动，使培训内容向多样化转变，使城乡群众享受到更加丰富的文化生活。制定出台《海盐县村（社区）专职文化管理员工作指导意见（试行）》，进一步规范村级专职文化管理员工作，将积极参加县、镇（街道）组织的各类上岗培训、业务培训和技能比武活动，每月到镇（街）参加业务培训不少于4次，加强素质提升，培养自身文艺特长，做到"一人一艺"等，都列为村级专职文化管理员的工作要求。

（三）加强品牌建设，培训服务心贴心

为了让城乡居民都有条件、有时间、有精力参与培训，打造全县公益大培训品牌，通过精心策划，量身打造菜单，开设各具特色的培训班，让群众有单可点。

1. 课程开设门类繁多。公益大培训为群众选择适合自己的培训项目创造选择空间，2013年便已开设了广场舞、美术、摄影、游泳、乒乓球、篮球、棋类等群众基础好、便于推广普及的文体项目，深受群众的喜爱。2014年在原有基础上继续巩固创新，并取得一定效果。

2. 全民参与不设门槛。"一人一艺"公益大培训"面向社区"、"面向基层"、"面向农村",各项培训班都以免学费、免场地费的形式出现,各行各业的文体爱好者无须任何条件均可报名参加,真正实现参与"零门槛",使全县城乡居民广泛受益,带动全县群众文化活动蓬勃发展。此外,针对特殊群体还开设了多个专门培训班,有针对学生作息时间的暑期专场培训,有专门为残疾人开设的无障碍培训班,有为新居民子女进行游泳技能培训活动等。

3. 开课时间合理配置。为方便广大居民参与到公益性培训中,精心设计开课时间与百姓休息时间相吻合,在许多培训课程的设置上,主动利用培训老师的休息时间,为群众开展公益培训。如把美术、排舞培训班安排在晚上,古筝培训班安排在中午等,实实在在地体现了文化惠民的理念。

三　成　效

(一)"一人一艺"培训效果显著

据统计,2014 年,全县全年开设合唱、戏曲表演、排舞、葫芦丝、古筝、书法、美术、篆刻等培训项目 41 个,开展培训 309期,培训人员达 21709 人次,超额完成任务。其中,培训期数及培训人次的增加,充分显示了"一人一艺"公益大培训的成效。

(二)业余团队展演能力提升显著

2014 年,全县建立了多支业余团队,广受好评。2014 年 12月 6 日晚,海盐县"一人一艺"公益大培训团队展演在县大剧院精彩上演,全面展现了公益大培训所取得的成绩。展演不仅有书法培训班、篆刻培训班、美术培训班学员们的优秀作品展,还有清音

海盐县"一人一艺"公益大培训展演

筝社的古筝齐奏《步步高·浏阳河》、合唱团的《牧歌·跟你走》、棒棒糖少儿排舞队的《云中漫步》、越语清音戏曲队的《记得当年清水塘》等十余个形式多样的节目，高潮迭起。此次团队展演充分展示了公益大培训的成果，展现了群众参与文化培训的热情，也营造了"人人参与文化，人人享受文化"的良好氛围。

　　点评：按照中办、国办《关于加快构建现代公共文化服务体系的意见》部署和要求，大力开展全民艺术普及、全民健身工作，是当前公共文化服务的重要任务。海盐县依托县、镇、村三级公共文化服务体系和"两员"制度创新，率先开展"一人一艺"全民艺术普及等公益大培训工作，勇于探索、先行先试、示范作用十分明显。海盐县全民大培训的一个突出亮点，还在于改变了过去片面注重人次的弊端，真正把培训扩展到全民，尤其注重提高城乡各类人群"人人"的知晓度、参与度，这一经验体现出海盐文化行政部门对"全民"的深刻理解和准确把握。

县域公共文化服务绩效评价系统

一　背景

近年来，随着公共文化产品和服务供给不断丰富，社会力量和各界群众参与的规模不断扩大，公共文化的管理和绩效评价显得尤为重要。2014年年初，嘉兴市海盐县文化部门会同高科技企业联合研发了一套以基层公共文化服务管理、评价制度设计为基础，以数字技术、互联网技术、物联网技术特别是云计算和大数据分析技术的集成应用为支撑，实施基层公共文化标准化、实时化、动态化管理与评价的系统。

该系统成为国内首个县、镇、村三级公共文化服务管理和评价工作平台。该系统的正式运行，为提高工作效率、降低管理成本、辅助管理决策起到了重要的作用，标志着海盐县公共文化服务管理工作实现了转型升级，进入了信息化、智能化的时代。

二　做法

（一）明确目标需求，指导项目推进

1. 做好全民公益性文化场馆免费开放。公益性文化场馆免费开放是现代公共文化服务体系的一个重要组成部分。近年来，海盐县文化部门在这方面采取了多项措施，形成了"一人一艺"公益大培训、涵芬讲坛、涵芬沙龙、送戏下乡、一镇一特、一村一品等免费服务项目品牌。但是，由于县级层面上没有一个统一的活动发布平台，各单位各自为政，使广大群众对公共文化服务的知晓率不高，服务效能发挥不充分。因此，县文化部门设想建立一个统一的发布平台，推进公益性文化场馆的免费开放工作。

2. 公共文化服务供需有效对接。一直以来，县文化部门把"送文化"作为公共文化产品供给的主要方式，忽视了广大群众对公共文化产品的需求情况，没有发挥广大群众的自主意识和创造能力。针对这个现象，县文化部门设想通过一个统一的平台，收集广大群众的意愿和需求，使提供的公共文化产品供给更加精准，避免公共资源重复浪费。同时，县文化部门也在微信平台开放群众对文化服务内容进行评价的工作方式，让广大群众对每一项活动进行满意度的评价，更加清晰地了解群众的需求，有效实现供需对接。

3. 提高基层文化员工作效率，降低管理成本。基层文化工作者每年在公共文化服务数据统计方面消耗了大量的时间和精力，每个月、每个季度各个条线上都要求上报公共文化服务统计数据，也经常性地出现临时性需要一些基层的公共文化数据，但由于统计的口径掌握不一致和人员的不到位，造成数据的准确性和时效性不高。因此，县文化部门设想建立统一的工作平台，实时掌握"两馆一站"和行政村的公共文化服务数据，也便于数据上报和统计。

（二）规范系统结构，实现既定功能

1. 工作权限的划分和管理。海盐县公共文化服务绩效评估系统根据各单位的不同职责和要求，设置了县图书馆（张元济图书馆），县文化馆、镇（街道）文化站［包括镇（街道）图书分

海盐县公共文化服务绩效评估系统登录界面

馆]、村（社区）［包括村（社区）图书分馆、村（社区）专职文化管理员］和文化下派员四个不同的角色。县级管理"两馆一站"和行政村的大部分内容。县文化馆管理文化下派员的管理内容，县图书馆管理镇（街道）图书分馆和村（社区）图书

分馆的业务内容。管理框架根据实际工作的操作进行合理的配置，保证工作权限的设置和管理的科学、合理。

2. 主要功能的设置和实现。该系统目前主要有 7 大块主要功能，文化活动对外公示、文化设施、文化活动、文化队伍、文化下派员、村（社区）专职管理员、报表系统。文化活动对外公示包括演出活动、讲座展览、读者活动和其他活动 4 项内容；文化设施包括"两馆一站"等 10 项内容；文化活动包括特色品牌、公益培训、讲座展览、送戏入户等

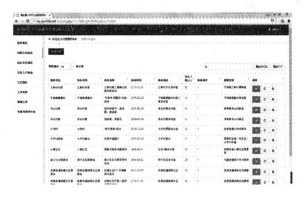

绩效评估系统主要功能模块页面

17 项内容；文化队伍包括机构情况、获奖情况、文艺团队等 5 项内容；文化下派员考核包括基本情况、艺术培训等 8 项内容；

村（社区）专职文化管理员考核包括自办演出活动、年度考核评分等 7 项内容；报表系统包括公共文化事业费等 15 项内容。基本上涵盖了公共文化服务的所有内容和形式，也涵盖了数据的统计和整理分析。

3. 系统的主要特点和作用。系统增加了附件功能和审核功能，管理者通过附件审查和资料审核，确保数据的真实性。同时建立系统上报的相关制度，保证各单位数据填报的及时性。县级文化部门可以通过登录系统管理平台，实时掌握各单位的工作进展情况。系统实现移动办公，做到群众参与。随时随地可以查询和了解公共文化服务信息。系统通过开发研究，实现了电脑、手机、平板等多终端进行登录管理，通过 WAP、APP 和微信界面直接实现操作，让使用者可以利用碎片化的时间，随时随地开展工作，查询了解公共文化服务信息。同时参与群众可以通过对外公众账号和移动平台，实时了解各地活动开展情况，并对活动的组织和内容等情况进行满意度评价。系统简化了工作台账、减轻基层文化员工作压力。通过系统运行，把年底的台账工作化整为零，每次活动只要通过 3 分钟，将所需要的资料保存在系统内，便于随时查阅工作台账，也缓解了年底基层文化工作者的台账压力。

（三）配套制度建设，支撑系统运行

县文化局出台评价考核制度，形成了对基层公共文化服务的工作要求，为全县实施公共文化服务绩效评估工作打下了良好的政策和制度基础。

1. 农村文化建设考核办法。从 2007 年开始，全县比较系统、全面地实施了对所属镇（街道）的基层文化建设考核工作，也制定出台了考核办法，从 2007 年到现在，县级文化部门每年对考核的细则进行修改和完善，形成了较为标准化和均等化的考核指标，也符合海盐县的实际和特色。

2. 文化下派员考核管理办法。2010 年，全县实施文化下派员制度，经过三年多时间的实施，取得了显著成效，2013 年该项目的深化研究被列入省第二批公共文化服务体系示范项目。2014 年年初，县级文化部门针对文化下派员的工作特性，制定了"双重管理"考核办法，使对文化下派员队伍的管理更加科学、合理。

3. 村（社区）专职文化管理员工作指导意见。2013 年，全县根据嘉兴市的统一部署，实施村（社区）专职文化管理员制度，2014 年，实现了全覆盖。2014 年年初，率先在嘉兴市出台了《村（社区）专职文化管理员工作指导意见（试行)》（以下简称《指导意见》），《指导意见》明确由镇（街道）实施管理考核，县级在镇（街道）管理和考核的基础上对专职文化管理员进行定向测评。

三 成效

（一）公益性文化场馆效益提升

为了确保全县各级公益性文化场馆的社会效益，海盐县公共文化服务绩效评估系统对"两馆一站"的各类服务指标进行了有效管理。如针对图书馆，系统对县、镇、村各级图书馆的外借册次、到馆人数、办证量等数据逐月进行统计上报，对各类读者活动进行了统计。针对文化馆则对公益性培训和各类送文化活动进行指标管理。根据系统内数据统计，2014 年 1—9 月，图书馆外借册次 40 多万余册，到馆人次 94 万余人，文化馆培训 80 余期，均超过去年同期，文化场馆效益得到了提升。

（二）基层文化活动上升显著

根据系统统计，自 2014 年起，全县广泛开展各类群众性文化活动，多数乡镇举办了"一镇一节"品牌节庆活动、过半行政村开展了"一村一品"自办文艺演出，同时各级开展了送戏送书送展览送讲座送电影送培训、下乡进村到户入企进军营进礼堂"六送六下"等群众性文化活动。据统计，2014年1—9月，共开展大型文化活动25场，送戏下乡103场，送戏入户43场，送书下乡3.78万册，展览86场，讲座67场，电影下乡1133场次，观众人数9.99万人次。

（三）"两员"队伍形成有效管理

根据《海盐县文化下派员"双重"管理考核办法》和《海盐县村（社区）专职文化管理员工作指导意见》的有关要求，海盐县公共文化服务绩效评估系统设立了相应模块对"两员"进行绩效评估，文化下派员主要从艺术培训、艺术讲座、村级文化专职管理员培训、其他业务辅导、骨干业余文艺团队、策划各类文化活动、其他工作这七个方面进行评估；村级专职文化管理员则从村级文化活动、自办文艺演出、文化入户活动、文艺团队、工作纪律、填报情况这六个方面进行测评。对"两员"的测评遵循了量化、标准的原则，测评分数根据填报情况实时生成，填报过程中能够看到全年工作完成的进度情况，同时也能横向比较，实现了过程监督。根据系统测算，截至9月底，文化下派员和村级专职文化管理员基本都能完成既定目标。

点评：嘉兴市海盐县公共文化服务管理和评价信息系统，集成应用数字网络技术、物联网技术、云计算和大数据技术，成功推动了公共文化管理与评价从人工向智能、主观向客观、随机向实时、静态向动态、被动向自主、封闭向透明转变，减少了管理中因人为因素造成"自由裁量权"过大的弊端，大大减轻了基层管理的工作强度，把有限人力从事务性工作中解放出来，提高了管理效率，降低了管理成本，客观上也有利于增强各公共文化单位、人员管理的自觉性和主动性。

制度设计研究向基层延伸

一　背景

近年来，海盐县不断加强文体设施建设，繁荣城乡公共文化活动，全县文化工作取得了新进展。但同时，许多基层干部对文化建设的认识还是停留在搞几场活动上，一些工作拘泥于常规，沿用老办法，趋向于格式化，与群众日趋增长的精神文化需求脱节；部分镇（街道）文化阵地拓展不快，文艺活动程序化明显；"一镇一节"、"一村一品"文化特色在新农村文化建设中未能充分体现，与文化大发展大繁荣、文化强县建设的总体要求还有距离。为培养各单位、镇（街道）文化站对文化工作的创新意识，激发各单位在基层文化建设的主动性和积极性，进一步提升全县公共文化服务整体水平，从2013年起，海盐县实施了公共文化服务创新项目研究。通过公共文化服务创新项目研究，使全县在公共文化建设体制机制、文化活动品牌培育、文化队伍建设、文化服务形式内容等方面有所突破，形成一些典型经验和工作做法，在全县范围内进行推广，为公共文化服务探索出了一些切实可行的新方法，推动海盐县实现公共文化服务的跨越式发展。

二　做法

（一）制订创新项目研究方案

2013 年 3 月，海盐县印发了《海盐县公共文化服务创新项目研究实施方案（试行)》（盐文〔2013〕23 号），明确了创新项目的工作目标、研究方向、申报主体、工作步骤，对全县创新项目研究工作做了周密部署。

（二）开展创新项目研究培训

从事创新项目研究，需要对创新项目有总体了解，并能够熟练地运用创新项目研究的方法。为了使文化工作者能在较短的时间内对创新项目研究有初步认识，2013 年 3 月，海盐县组织开展了公共文化服务创新项目研究培训，"两馆一站"的共 87 名工作人员参加培训。此次培训邀请了相关方面的专家担任主讲。培训内容涵盖课题选题、论证和实施三个方面，内容丰富，深入浅出，并结合实例，手把手教文化干部如何做项目研究。

（三）做好创新项目前期指导

各单位根据公共文化服务创新项目的研究方向，从自身工作的实际出发，拟定研究项目课题。海盐县组织市文化局、县委宣传部、县委组织部、县委党校等相关部门的有关专家，召开创新项目评审会。通过项目负责人现场逐一介绍，专家组复核审查，最终确定一批项目研究方向准确、根源剖析深刻、目标明确具体、对策切实可行、计划详尽周密，有较强的前瞻性、针对性、创新性和实践性的公共文化服务创新项目作为重点项目，重点予以关注和协助指导。邀请有关方面的专家对各创新项目进行指导，进一步促进各项目组完善方案。

（四）加强创新项目过程管理

自项目公布之日起，各单位按照项目计划开展公共文化服务创新项目研究。在深入细致调查研究的基础上，边实践，边总结，边研究，边提高，扎实有序地开展工作。期间，海盐县文体局对重点项目进行了专题指导，也对各创新项目进行了关注。项目实施中期，县文体局再次组织专家对重点项目进行中期评估，各项目研究组汇报项目研究进展情况，专家组对各个研究项目逐一进行点评，以加强项目之间的交流借鉴。

海盐县第二批公共文化服务创新项目中期论证

（五）重视创新项目结题推广

创新项目研究完成后，各创新项目组总结项目成效，撰写创新项目研究工作总结。县文体局组织专家通过审核项目资料和现场考察等方式对项目实施情况进行验收。对获得突出成效的项目给予扶持资金奖励，并将优秀项目在全县范围内进一步推广实施。

三 成效

海盐县的公共文化服务创新项目研究主要分为管理机制创新、队伍建设创新、服务平台创新、文化活动创新几个方面，并以第一批创新项目为例，介绍主要成效。

（一）管理机制创新

张元济图书馆自镇、村分馆建立以来，社会效益一直处于全市镇（街道）分馆的后几位，村分馆运行迟迟不踏上正轨的窘境。为此张元济图书馆以《镇村分馆社会效益提升实践与探索》为题

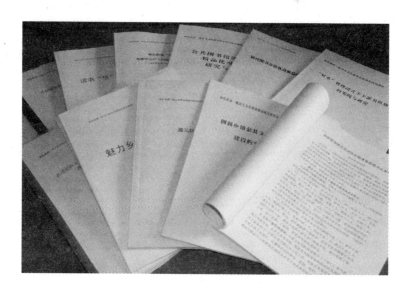

部分创新项目研究成果

在管理机制方面进行了创新。图书馆根据分馆的实际情况，提出了提升镇村分馆社会效益主要措施在于分馆管理员服务意识和行为嬗变，即由被动服务转变为主动服务，变馆内服务为馆内服务和馆外服务相结合。一是完善分馆、下派图书管理员的考核办法，提升分馆开放效益及管理员的服务能力与水平；二是通过开展读者阅读兴趣问卷调查，尝试"读者有约"品牌活动；三是改变服务方式，开展进学校、企业办借书证，开展图书进学校、企业活动。通过项目的实施，推进了分馆效益提升，完成了镇（街道）办证量同比增长5%，外借图书量同比增长15%以上，社会影响同步扩大的目标。

（二）队伍建设创新

为进一步凸显文化队伍建设水平，保持县"文化员下派制度"的先进性、科学性和长效性。县文化馆以"'双重'管理模式下下派员队伍建设问题和对策研究"为题开展了这方面的研究。

1. 形成更为科学的文化下派员管理模式。通过实施文化馆、文化站"双重"管理模式，明确县文化馆、乡镇文化站的管理职责。修订完善考核细则，县文化馆侧重对人员的综合管理、素质提升、重点工作完成情况、文艺创作方面的考核评定，乡镇文化站侧重对人员日常管理、农村团队建设、协助参与文化活动、业务辅导等工作的考核评定。通过县、镇二级分工合作，使管理的模式更加科学，更加有利于工作，更加有效。

2. 推动下派员队伍整体素质提升。乡镇文化站更加需要一专多能的文化干部。文化馆对文化下派员实施"青蓝工程"培训活动，培养干部一专二能，在自己主专业的基础上，开辟第二专业。

3. 建立文化下派员发展激励制度。对于优秀的文化下派员，优先作为馆里后备干部进行培养，同时将优秀人员推荐到馆长助理岗位进行锻炼，对于工作达不到要求的人员，实行缓聘制，使文化下派员的工作更加全面。2014 年海盐县以该创新项目成果为主要依据，下发《关于实施海盐县文化下派员"双重"管理考核办法的通知》（盐文〔2014〕19 号），正式对下派员实行"双重"管理。

（三）服务平台创新

开发区以"试行企业文化教员机制，助推企业文化发展繁荣"为题对服务平台创新做了有益的探索，进一步拓展了公共文化服务的平台。项目中提到试行企业文化教员机制，实质是在非公经济领域对公共文化服务项目的创新。近年来的公共文化服务的形式、创新内容以及涉及的范围往往都忽视了企业职工这一块群体，这些企业职工中有相当一部分是外来的新居民和有一技之长的专业技术人员或文艺骨干。项目计划通过推行企业文化教员制度，通过区（街道）统一教育培训、文化教员实地传授的方式，培育企业艺术骨干人才，挖掘企业文化资源，同时探索企业与村（社区）文化共建，推动企业文化与村（社区）文化互动交流，拓展构筑公共文化服务平台。通过项目的实施，开发区的多家企业实行了企业教员制度，企业中的业余文艺团队也培养起来了。2014年开发区主办了商会杯"同唱一台戏·共圆强区梦"企业文化展示周活动，完成了 6 场大型广场文艺展演，其中节目全部为企业文艺团队参演。2015 年，开发区举办"文化之翼筑梦未来"——海盐经济开发区（西塘桥街道）企业"文化惠民"活动，通过"文化走亲"的方式为企业文艺团队搭建展示平台。

（四）文化活动创新

沈荡镇图书分馆的文化活动创新项目"图书"悦"读、积分有礼"，其核心内容在于提高读者借阅的积极性，并以多种让读者参与到图书馆管理的积分方式，增加读者与图书馆之间的互动性，了解读者所需，提高到馆率、借阅率。对于原有工作而言，实施图书"悦"读，积分有礼项目后，读者能根据自己手上的积分卡，及时地掌握自己的借阅情况。借书、写书评、写好书推荐、推荐读者自己喜欢的读书活动、做一天的图书馆志愿者均可获得积分，其实质是让读者参与到图书馆的管理中来，增加读者与图书馆之间的互动性，让读者真正融入图书馆这个大家庭。通过从小处、细节处着眼，推出适应读者需求的人性化的服务项目，大大提升了乡镇图书分馆的社会效益。该项目通过 2013 年一年时间的实施取得了良好的效果，并于 2014 年在各分馆中推广。

点评：海盐针对公共文化服务效能不高的现状，首创县域范围内全面的制度设计研究，在全县通过公共文化服务创新项目方案制订、培训、前期申报指导、中期过程管理、结题推广等工作，固化公共文化制度设计研究工作流程，在管理机制、队伍建设、服务平台、文化活动创新等方面取得了显著成效，不但提升了全县公共文化的服务效能，而且推动了全县公共文化研究能力的大幅提升，成为以实践助推研究，以研究促进创新发展的典范。

"美丽海宁大舞台"：
老百姓的舞台

一　背景

　　近年来，海宁市公共文化服务体系建设快速发展，从 2004 年起至今，连续十多年开展公共文化主题年活动，积极推行"队伍专职化、管理制度化、培训经常化、活动常态化"的群众文化发展模式，在公共文化服务供给方面下大力气，打造形成了"美丽海宁大舞台"公共文化服务品牌，盘活城乡文化资源，拓展文化活动形式，增强群众文化自觉，使广大群众成为舞台主角，实现自娱、自乐、自编、自导、自演，真正起到"活了文化，乐了百姓"的作用，生动展现了海宁公共文化建设工作"城乡互动·共建共享"的发展状态。

二　做法

　　"美丽海宁大舞台"活动始于 2009 年，是海宁市实施"种文化"系列文化惠民活动，推进公共文化大发展大繁荣、保障人民群众基本文化权益的重大举措之一。连续六年的"美丽海宁大舞台"展演活动，将城乡文化融合统筹，极大地激发了广大群众参与文化建设的热情，让城里人感受农村优秀的传统文化，从农村汲取营养、提升自身文明创建水平，形成城乡互动、共建共享的生动局面，有效地促进了公共文化的互惠与共享。

（一）政府搭台，百姓唱戏，展示平台优越

"美丽海宁大舞台"展演活动纳入市委市政府的主题年实施意见和活动方案中，列入全年重点工作，得到了市、镇（街道）、村（社区）和各部门（单位）的高度重视。为确保演出效果和质量，市群众文化建设领导小组办公室每年还制订专门的活动方案，召开领队会议，统一搭建固定的舞台，配备全套的灯光、音响和各类舞美装置，免费供参演单位使用。2014 年，在城北、城南两大区块建设了两处室外固定舞台，每周二、周四定期开展活动，并接受社会免费预约使用，做到政府搭台，百姓唱戏，让广大群众获得更广阔的活动平台，更多地参与到文化活动当中，享受丰富

"美丽海宁大舞台"展演

多彩的业余文化生活，让公共文化服务更加亲民。各镇（街道）、参演的村（社区）和部门（单位）对展示活动也非常重视，安排专项经费用于展演活动，提前开始进行节目编排、创作工作。据统计，六年来，全市共投入"种文化"展演活动资金 500 余万元。

（二）参与广泛，原汁原味，活动特色鲜明

"美丽海宁大舞台"展演活动以基层群众为主体，全市各镇（街道）、有关村（社区）和部门（单位）都参加了演出。各参演单位牢牢把握这次展演机会，精心组织，认真筹划，编排创作了一系列反映社会新风尚、新面貌的节目，挖掘整理了一系列传统特色项目，节目形式丰富多样，风格清新，格调较高，通俗生动，包括了舞蹈、声乐、器乐、传统民俗、曲艺、小品等，其中不乏优秀的原创节目，参加演出的演员都是本乡本土的老百姓，演员总人数达到 9000 余人，年龄最大的 75 岁，最小的 4 岁，全面展示了全市文化建设的丰硕成果、新农村建设风貌和民间传统特色，使活动的作用从单纯的娱乐欣赏向宣传、推介、展示等多方面延展。

（三）宣传到位，贴近群众，活动备受赞誉

"美丽海宁大舞台"展演活动来源于群众、服务于群众，活动前后进行了大量的宣传报道，通过电视、广播、报纸等媒体进行广泛宣传，从活动的筹备、排练阶段就开始介入报道、宣传造势，在活动过程中更是实施跟踪，不间断报道活动进程，有效地提高群众的知晓率和活动的影响力，每场演出都有千余名观众前来观看，受到了社会各界的一直欢迎和好评。

三 成效

（一）培育了一批优秀的业余群众文艺创作人才

"美丽海宁大舞台"展示活动举办六年来，不仅培育了规模庞大的群众演员，更催生了一大批基层业余文艺创作人才，其中受益最大的是村级文化阵地专管员。群众参与文化的积极性和自觉意识不断提高，也对演出节目的要求越来越高，离他们最近的村级文化阵地专管员就成了他们首先求助的对象。村级文化阵地专管员不断调整工作定位，增加服务内容，刻苦钻研业务，创作文艺作品。例如硖石街道南漾村一类文化阵地专管员朱金良，每年都会新创作快板、三句半、小品、原创歌曲等不同形式的节目，在街道、市级演出中受到热捧。据不完全统计，全市一类村级文化阵地专管员年均创作文艺节目200多个，创作质量明显提升。通过"美丽海宁大舞台"活动，全市一类村级文化阵地专管员队伍的组织、协调和业务能力得到较大提高。

（二）创作了一大批原创的群众文艺作品

优秀文化产品是文化繁荣发展的重要标志，是文化发展成就的重要体现。"美丽海宁大舞台"展示活动的常年举行，无形中形成了一种群众性公共文化产品的生产与供给体系以及文艺人才的培养机制，助推了原创群众文艺作品的集中生产。这些节目以现实生活细节为创作源泉，用以小见大的手段捕捉社会生活的缩影来折射时代，是贴近实际、贴近生活、贴近群众的精品力作，发挥着文艺精品认识、审美、娱乐的全面功能。如海宁艺术团表演的舞蹈《梦里寻她千百度》、海昌街道全体文化管理员表演的音舞说唱《在潮乡的田野上》、斜桥镇洛溪艺术团舞蹈队表演的舞蹈

《古镇扇韵》、硖石街道石路江南丝竹队表演的新民乐《竹楼情歌》、马桥街道吕望和居海红等表演的歌伴舞《相亲相爱》等节目，不仅受到广大观众的热烈欢迎，还得到了在场专家的一致好评。

（三）促成了一大批地域特色文化活动品牌

"美丽海宁大舞台"展示活动通过连续六年的举办，已成为海宁市级颇有影响力的群众文化活动品牌，也成为基层地域特色文化活动品牌的有力推手。各镇（街道）、村（社区）和有关部门也充分结合自身文化特色，借鉴"美丽海宁大舞台"的举办方式，举办富有地方特色、行业特色的文化系列展示，并与"文化品牌"建设相结合，进一步提升特色文化的美誉度。如袁花梨花节、"美丽乡村·多彩海昌"第三届乡村休闲旅游节、"钱塘风、桑梓情"周王庙镇蚕俗文化节、尖山达人秀活动等。各村（社区）充分结

"美丽海宁大舞台"海洲社区专场演出

合"文化礼堂"、"美丽乡村"建设等，充分挖掘本乡本土的特色文化，开展各具特色的文化活动，使之成为群众享受文化成果、参与文化活动的大舞台。

点评：群众文化活动是百姓享受基本公共文化服务的最直接体现，是衡量地方公共文化服务有效开展的重要指标。"美丽海宁大舞台"通过制订活动方案，依托活动平台培育基层文化团队，催生基层业余文艺创作人才，开展文化品牌活动，并借助宣传造势有效地提高了活动的群众知晓率和活动影响力，其制度化运作、常态化发展真正体现了政府搭台、百姓唱戏，对打造群众自娱、自乐、自编、自导、自演的精品文化活动具有借鉴意义。

文化阵地星级评定

一 背景

　　海宁市农村文化阵地建设于 2005 年实现全覆盖，经过十年的运作，基层文化阵地的使用基本走上正轨。2009 年，海宁市星级文化阵地评定作为加强公共文化服务标准化建设的重要手段，在农村文化阵地全覆盖的基础上，从阵地硬件建设和软件管理两方面提出一系列标准化量化指标，为基层提供了针对性强、操作性强、执行力强的制度规范，探索出了一条基层文化阵地建设管理标准化的有效途径，从而加强了农村文化阵地的标准化、规范化管理，确保阵地高效、健康运作。基层文化阵地三分建、七分管，如何使阵地长期存在，并得到更好的发展，标准化的长效管理是一个值得研究的长期课题。

二 做法

　　（一）立足现实，适当超前，分级设定文化阵地建设管理标准
　　为切实加强农村文化阵地的规范管理，不断促进文化阵地提档升级，提高基层的文化建设积极性，根据基层文化阵地建设、管理现状，设定五星级、四星级、三星级三个级别，并为每个等

级制定详细的软硬件标准。标准的设定以"照顾面上，适当超前"为原则，三星级、四星级的预计达标率在80%以上，五星级的预计达标率在10%以内，三星级标准的设定使得大部分文化阵地都能够通过努力达到目标，照顾到了大部分文化阵地的建设积极性，而五星级标准的设定远远高于文化阵地建设之初的要求，为有经济实力、有文化基础的文化阵地树立了更高的发展目标，成为激励文化阵地不断提升的有力推手。星级文化阵地评创工作开展以来，海宁基层文化阵地建设水平不断提高，管理运行进一步规范，参加星级评创的阵地逐年增加，三星级阵地不断提升，四星级阵地成为主流，五星级阵地理性增长，文化阵地的星级分布比例日趋合理。

（二）与时俱进，推陈出新，不断完善星级文化阵地评创标准

海宁星级文化阵地评创标准制定之初，实行的是"对标达标"式评创体系，暨每个星级对应固定的标准内容，包括组织建设、规章制度、设施设备、阵地管理、文化活动、辅导培训六大方面十八个小项。经过两年的实施，这种"对标达标"式的评创体系因其结构繁杂、操作复杂、条理不清，不再适应评创工作的要求，继而改为"分类评分"式评创体系，设置必备条件和评分条件两类，必备条件分级定标，必须每条达到才能参评相应星级，评分条件设置最低标准，通过加分、扣分手段，以分数划分星级。"分类评分"式评创体系启用后，评创要求更为明确，标准更加清晰，操作更加简便，使星级文化阵地评创体系得到了进一步完善。

（三）督查助推，绩效挂钩，切实推动星级文化阵地评创扎实开展

为确保阵地的长效规范使用，推进星级评创工作扎实开展，海宁进一步加大阵地督查力度，成立专门的督查办公室，由专人

对基层文化阵地进行季度督查和不定期抽查，通过督查指导星级评创工作，掌握阵地运行情况，及时处理阵地出现的问题。同时，分类制定并实施具体的管理制度和办法，先后下发了《海宁市农村文化阵地管理办法》、《海宁市农村文化阵地群众监督制度》、《海宁市村级文化阵地财产管理制度》等，对农村文化阵地管理工作提出了具体的管理要求，确保阵地高效、规范、健康运作。为提高评创积极性，还将星级评创与财政转移支付进行绩效挂钩，不同星级的文化阵地对应不同金额的补助资金，由市财政根据评创结果，对基层给予补助资金的直接转移支付。评创工作开展以来，共转移支付补助资金315万元。

星级文化阵地获表彰

三　成效

（一）基层文化阵地掀起新一轮建设高潮

星级文化阵地评创既成为基层文化阵地规范化管理的有力抓

手，又有效提高了基层文化阵地升级的积极性。2009 年起，海宁掀起了新一轮基层文化阵地建设高潮，各镇（街道）、村（社区）以星级创建为新标杆，新建、扩建、改建了一大批文化阵地，涌现出了一批高质量的五星级基层文化阵地。到 2015 年年底，易地新建镇（街道）文化活动中心 4 个，9 个镇新建户外拆装式游泳池，有两个镇新建户外土建式游泳池。86 个村（社区）文化阵地提升档次，其中，按照五星级标准提升档次的 23 个。2013—2015 年，新建农村文化礼堂 74 个。

（二）基层文化阵地实现长效有序管理

星级文化阵地评创的根本目的就是实现基层文化阵地的长效有序管理，因此，在评创标准中设置了必备条件，除了将硬件建设标准列入其中，还将阵地的规范化运作、人均文化经费投入等标准列为必备条件，作为一票否决项目，促使基层时刻树立规范管理意识，加大资金保障力度。经过多年的评创，阵地出现占用、挪用现象已不复存在，基层对文化经费的投入也有了较强的意识。

（三）基层文化活动日益丰富繁荣

文化活动是星级文化阵地标准中的评分条件，为充分发挥阵地作用、丰富群众文化生活，在星级标准评分条件中设置了多项与文化活动相关的指标，包括较大规模文体活动、综合性文艺演出、"文化走亲"等，达到标准得基本分，超出或少于标准则进行相应的加扣分。这些指标的设定，有效地促进了基层文化活动的开展，平均每个村（社区）每年都要开展各类文体活动十余次。尤其是"文化走亲"指标的设置，有效地带动了海宁市村村、镇镇"文化走亲"的蓬勃开展，每个镇（街道）、村（社区）每年要开展一两次"文化走亲"演出活动，跨区域、跨地域的"文化走亲"活动越来越多，全市每年都开展"文化走亲"演出活动

200 余次，形成了你来我往"走亲戚"的良好氛围。

（四）基层文化管理人才队伍素质得到进一步提升

如果说阵地的硬件升级是由于星级阵地评创提高了镇、村领导的文化意识，那么，阵地的软件发展则得益于星级评创提高了村级文化管理员的管理能力和专业素养。在评创过程中，全市村级文化管理员为了使文化阵地达到星级标准，不断加强学习，通过多种形式和方法来提高自己的业务能力和工作水平，在队伍组建、活动策划、阵地管理等方面下了很大的功夫，使星级阵地评创不仅完成规定动作，还要创特色出亮点。如今，由管理员组织策划一台完整的文艺演出活动已是不在话下，更多的管理员已不满足于普通的节目排练，转而向节目编创发展，平均每个村（社区）每年都能出四五个新编创作品和节目，为广大人民群众带去了丰富的精神文化享受。

点评：中办、国办出台的《关于加快构建现代公共文化服务体系的意见》中明确提出公共文化设施要实现建管用并重。海宁市积极探索，制定和完善了文化阵地建设的星级评定激励制度，通过硬件建设、规范化运作、人均文化经费投入、文化活动等在内的星级评创标准，将季度督查和不定期抽查相结合，将星级评创与财政转移支付相挂钩，并从管理、监督等方面制定实施制度，提高了村级文化管理员的管理能力和专业素养，推动了海宁基层文化阵地建设发展不断规范、水平不断提升。

"三种机制"加强村级
文化管理员队伍建设

一　背景

　　2008 年，为解决农村文化阵地"建好、管好、用好"的问题，海宁市在 182 个村（社区）所辖的 228 个村级文化阵地招聘专职管理员 333 名，在全国率先实现了村级文化阵地专职管理员全覆盖，农村文化阵地管理工作走在全国前列。经过多年的实践，通过建立"三种机制"，组建起一支素质优良、乐于奉献、扎根基层、服务群众的专兼职结合农村基层公共文化服务队伍，实现了村级文化阵地专管员队伍长效管理。截至 2014 年 9 月，全市村级文化阵地调整升级成 220 个，文化活动中心 146 个，文化活动室 74 个，共有村级文化阵地专职管理员 361 名，其中一类专管员 179 名，二类专管员 182 名。

二　做法

　　（一）建立保障机制，力促规范稳定

　　1. 组织保障把好关。建立市、镇（街道）、村（社区）三级群众文化建设领导小组。由市一级牵头负责村级文化阵地专管员队伍的组织、指导、协调、监督和检查工作；由镇（街道）一级负责辖区内村级文化阵地专管员的招聘、教育、培训、考核、续聘、解聘工作；由村（社区）一级协助镇（街道）抓好专管员的教育、指导、检查、考核工作。全市不定期召开各镇（街道）分管领导、文化站干部、村分管文化的领导和村级文化阵地专管员为主要对象的座谈会，听取基层对村级文化阵地专管员队伍长效管理的意见、建议，发现问题及时整改。

2. 制度保障抓规范。加大规范管理力度，编印村级文化阵地规范管理工作手册，要求专管员做到活动有记录、财产有登记、团队有名册。制定《海宁市文化阵地专职管理员管理办法》，对专管员的招聘考核、工作职责、工资待遇、教育培训等进行明确规定。同时，实施专管员聘用审查制度、年报制度、考核制度和文化阵地季度督导制度，重点督查文化阵地的运行情况和管理状况，实时掌握专管员工作情况，稳定发展专管员队伍。

3. 收入保障稳队伍。按照"稳定队伍、平衡面上、切合实际、逐步提高"的原则，专管员工资、社保、奖金等所需经费由市财政给予50%补助，镇（街道）和村各按25%比例配套。在为专管员办理养老、医疗、生育、工伤等"五险"的同时，2012年出台了《关于调整海宁市村级文化阵地专职管理员薪酬发放办法》，通过"市里出政策，镇村增投入，管理员得实惠"的方式，在市、镇（街道）、村三级投入机制不变的基础上，将专管员薪酬与全社会职工平均工资挂钩，建立合理薪酬增长机制。一类专管员工资从2008年的17789元/人提高到2014年的48215元/人，有效地稳定了专管员队伍。

（二）建立培训机制，力促水平提升

1. 培训平台提素质。采用"走下去普及培训，拉上来集中提高"公益培训方式，开展声乐、戏曲、群文理论、档案管理、星级创建和素质教育等方面的培训，每年开展专题培训 10 期以上，提高村级文化阵地专管员的文化阵地管理能力、文化活动组织能力、协调能力和业务水平。同时实施"艺术一堂课"常态化辅导培训，每年开展培训活动 150 余次，累计年培训 5000 余人次。

海宁市海昌街道农村文化专职管理员招聘

2. 展示平台强信心。围绕年度文化工作目标，以群体性文化活动和竞技活动为抓手，开展丰富多彩、形式多样的演出和竞赛活动，促进村级文化阵地专管员积极组织并参与演出，展示才能，收获荣誉，增强信心。截至目前，已连续举办海宁市农村文化阵地专职管理员才艺大赛两次，连续六年开展 70 余场"种文化"进城展演，连续两年开展 56 场"美丽海宁大舞台"群众文化品牌活动，连续四年开展 800 余场"文化走亲"活动，其参赛或演出节目主要由村一类文化阵地专管员编导、表演。

3. 指导平台优状态。市群众文化建设领导小组办公室定期到基层对村级文化阵地专管员进行季度督查指导，及时掌握专管员队伍动态，利用季度督查，开展业务指导、思想开导和思路引导，促使村级文化阵地专管员队伍始终保持良好的工作状态，当好服务员、宣传员、组织员、联络员和信息员。

（三）建立激励机制，力促长效活力

1. 年度考核赛成绩。以各镇（街道）为主体，建立专管员年度考核体系，考核突出工作实绩、个人素质，体现可操作性和过程精细化，在专管员自我总结基础上，采取专管员"背对背"打分和村干部、群众评议相结合，镇（街道）分管领导和文化站评议相结合，季度督查和平时掌握情况相结合的方法进行综合考核，考核结果与年终奖金挂钩。

海宁市农村文化管理员才艺大赛

2. 职称评定赛业务。2012 年 6 月下发了《关于 2012 年文化系列专业技术资格评审工作安排的通知》，首次面向全市农村文化阵地专职管理员开展职称申报工作，专管员职称评定与个人工资奖金挂钩，确保专管员业务待遇。2012—2013 年，全市共有 14 名业绩突出、作用发挥明显的专管员获得群文助理馆员资格。2014 年有 4 人申报群文助理馆员资格。

3. 后备人选赛干劲。各镇（街道）将一类专管员队伍中涌现的先进典型列入村后备干部队伍人选，提高村级文化阵地专管员政治待遇和工作积极性。目前，全市已有 43 名一类专管员进入村后备干部队伍，其中有 10 名已进入村班子，4 名考入事业单位，1 名考入街道文化站，有效增强村级文化阵地专管员工作归属感。

三　成　效

（一）上下齐心，农村文化阵地建设投入力度明显加大

通过村级文化管理员队伍的建立和长效管理，全市镇（街道）、村（社区）两级对农村文化建设更加重视，投入力度明显加大。2008 年至今，全市村（社区）投入资金 5000 余万元，进一步完善村级文化基础设施，有的新建、扩建活动场地，有的增添活动设备，有的新建农民公园，有效提升了农村文化阵地的档次。在活动开展和队伍组建方面，每个村（社区）的年均资金投入达 10 万元左右，有效保障了农村居民享受的基本文化权益。

（二）活力倍增，农村文化阵地专管员综合素质明显提升

通过面向社会公开招聘，全市农村文化阵地专职管理员队伍整体素质发生了可喜变化。一是专职管理员队伍向年轻化转变，平均年龄在 27 岁左右。二是一类管理员文化程度得到整体提升，

改变了以往初中以下学历为主的现状，涌现了一大批大中专学历者，大专以上学历占71%。目前，专职管理员不仅认真负责，将村级文化阵地管理得井井有条，而且还能开拓性地开展村级文化活动，利用自身特长举办书法、手工艺制作等各类培训班，丰富农村居民的业余生活。

（三）管理规范，农村文化阵地面貌明显改善

全市各村（社区）文化活动中心（室）都能做到制度上墙，文化管理员守则和职责人手一册，有章可循。活动有记录，财产有登记，团队有名册，年初有计划，年底有总结。农村文化阵地实现了"阵地有人管、队伍有人建、活动有人搞"的目标。目前，全市182个村（社区）组建起村级文体队伍700余支，广大群众积极参与公共文化活动的越来越多，参与率越来越高，参与面越来越广，大部分村（社区）已达到活动形式多样化，活动经常化，活动参与群众化的文化氛围，各类文体活动十分活跃。进一步满足了群众的文化需求，锻炼了文体队伍，激活了群众参与的积极性，提升了文艺创作质量，使文化资源得到了充分的利用。

点评：推动社会主义文化大发展大繁荣，队伍是基础，人才是关键。海宁市紧抓农村基层公共文化服务队伍建设，通过组织、制度、收入保障机制，培训、展示、指导平台建设，年度考核、职称评定、发展后备人才等激励机制，形成了一套行之有效的村级文化专管员队伍建设制度，为成功破解基层文化管理员不专职、不专业、不专心的难题提供了参考和借鉴。

文化礼堂理事会：村民
参与式管理

一　背景

　　海宁市依托原有农村文化阵地的扎实基础，在紧抓文化礼堂综合体建设的基础上，为了进一步推动农村文化礼堂实现群众自我组织、自我管理，促进文化礼堂管理社会化，充分调动农民群众参与礼堂活动的积极性，2014 年启动实施农村文化礼堂"理事会负责制"，实现了文化礼堂的管理运行创新。

二　做法

（一）建章立制、明确职责

　　农村文化礼堂理事会由全村村民公推直选产生，定位为农村文化礼堂的自主管理机构。理事会设理事长和常务理事长各一名、副理事长和理事若干名，任期一年。理事长牵头组织管理和服务团队，筹措运行经费，确保文化礼堂有章理事、有人管事、有钱办事。常务副理事长负责牵头处理日常事务，一般由热心文化事业、具备文艺特长的普通村民担任；副理事长和理事具体负责文体队伍管理、活动组织、财务收支、对外联络等事务，普通村民占比需超过50%。理事会负责制的规章制度明确了理事会及其成员所需履行的职责，也为村民群众提供了监督管理的依据和内容。

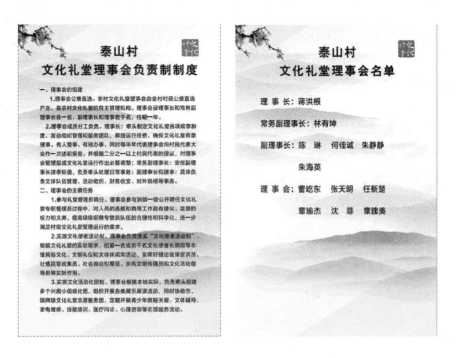

海宁市泰山村文化礼堂理事会制度和名单

（二）试点先行、稳步推进

自2014年9月起，海宁市将许村镇作为试点镇，并要求其他镇（街道）选择一个文化礼堂实施理事会负责制试点。理事会班子由村民推选产生，实行一年一聘，保障文化礼堂有章理事、有人管事、有钱办事。农村文化礼堂的常务副理事长来自学校、企业和普通村民等群体，具体参与活动策划、管理员招聘、文化使者招募和举办文体社团活动等，进一步强化文化礼堂"公办民用"功能。2015年，海宁在全市文化礼堂全面铺开理事会负责制。

（三）三大任务、发挥实效

1. 参与礼堂管理员聘任。理事会参与到镇一级公开聘任文化礼堂专职管理员过程中，对人员的选拔和聘用工作具有建议、监督的权力和义务，提高镇级招聘专管员队伍的合理性和科学化。在理事会成员的建议下，目前，有6家文化礼堂顺利招募到专职管理员。

2. 实施文化使者活动制。理事会负责落实"文化使者活动制"，根据文化礼堂的实际需求，招募一名或若干名文化使者长期指导本堂民俗文化、文明礼仪和文体休闲类活动。

3. 实施文化活动社团制。理事会根据本地实际，负责牵头组建多个兴趣小组或社团，组织开展各类展示展演活动。在理事会牵头下，海宁市各个文化礼堂所在村建立各类文体队伍总数近300支。

三　成效

（一）文化礼堂自我管理更加规范

对确保农村文化礼堂实现群众自我组织、自我管理，在活动开展上更具统筹性，管理工作上更具规范性；对整合社会各方力量，发挥好热心人士、创业成功人士、文化能人、村干部、志愿者等作用，促进文化礼堂管理社会化；对充分调动农民群众参与礼堂活动的积极性，更加凸显群众主体地位，具有积极的意义。

（二）文化礼堂阵地功能更加巩固

理事会制度搞活了活动和社团，常态化的活动开展营造了和谐、活力的文化氛围，在村民群体中树立了文化礼堂"公办民用"

的功能定位，巩固了农民群众的"主人翁意识"。负责制集中解决了文化礼堂活动组织松散、活力不足、群众参与度不高等问题，促进村民形成相对固定的活动参与习惯，增强文化礼堂的吸引力、凝聚力。

（三）基层干群关系更加和谐

理事会制度将文化礼堂综合体日常事务的决策、管理主体转变为村干部与普通群众共同实施，增加了村民在文化阵地管理中的话语权和自由度，村民可以通过理事会组织表达自身文化活动的喜好，从而获得更多的活动机会。村干部也可以通过理事会收集更多来自民间的呼声，策划组织活动更有方向和思路。从某种意义上来说，理事会制度搭建了村干部和村民之间的沟通桥梁，使得各村（社区）的干群关系更为和谐。

点评：理事会制度作为体现现代治理的一种有效实现方式，海宁市实施的农村文化礼堂"理事会负责制"本质上是运用共同治理的现代治理理念，制定章程、明确任务、试点推进，是居民参与基层文化治理、理事会制度在农村文化机构的有益探索和尝试，充分调动了群众参与的积极性，推动实现了农村文化设施的最佳秩序和最佳效能。

打造"中国排舞之乡"品牌

一　背景

近年来，桐乡市以促进群众精神富有为目标，切实挖掘群众跳排舞的潜力，努力满足群众学跳排舞的需求，大力推广排舞运动，排舞成为该市"文化惠民"工程中最活跃、最普遍、最受欢迎的文化载体。目前全市每天参与排舞运动的群众已经达到 20 多万人次，已经形成了"舞动健康·幸福共享"的良好局面。2012—2014 年，桐乡市排舞获得第十五届中国上海国际艺术节长三角地区排舞邀请赛特等奖、全国排舞挑战赛一等奖、"洪峰"杯全国排舞邀请赛金奖、全国全健排舞一等奖等众多荣誉。此外，"舞动浙江"2013 浙江省万人排舞大展演、2014 全国全健排舞大赛、2014 浙江省文化礼堂乡村排舞大赛等全国性、全省性排舞大赛在桐乡市隆重举行。2013 年，桐乡市被亚太国际排舞联合会授予全国首个"中国排舞之乡"荣誉称号。

桐乡新一届市委、市政府高度重视文体工作，在桐乡市第十三次党代会上，提出深入实施"文化惠民"工程，力争到 2012 年年底，使经常性参加文体活动的市民达到 30 万人，到 2015 年，经常性参加文体活动的市民达到 45 万人，实现全民人文素质提升、身体素质增强的目标愿景。为满足广大市民对文化活动的需求，桐乡市第十三次党代会以来，秉承心系群众、服务群众的宗旨，各项文体活动开展得如火如荼，这是桐乡人民物质生活水平快步提高之后普及的一种大众文化，是一项惠及全市人民的民心工程。

二　做法

（一）创新宣传方式，增意识

以便民、利民、惠民为前提，在人气最旺的"桐乡生活论坛"推出免费排舞音乐下载专区，目前点击量已达 10 万多次，音乐下载量达到 5000 多次。在门户网站"桐乡新闻网"开设排舞推广活动专题，定期公告活动安排，让需要学跳排舞的群众及时了解相关信息。在"微博桐乡"定期发布培训通知和排舞训练、演出等消息，并及时接受群众对排舞活动的意见和建议，让大家积极参与排舞、观赏排舞、献计排舞。利用知名媒体，加大对外宣传力度，在国家、省、市各级媒体打响桐乡排舞"品牌"。《光明日报》头版头条、《浙江日报》省党代会专刊、《今日桐乡》等报刊先后对桐乡以排舞推广为载体，深入实施"文化惠民"工程的情况作了专题报道，进一步扩大了排舞活动的影响力，增强了广大群众学习排舞的意识。

（二）建设排舞广场，建阵地

按照"六个一"（一个面积不少于 500 平方米的场地、一套可供至少 200 人使用的音响、一名专门的管理人员、一名排舞专业辅导老师、一支不少于 30 人的队伍、一套完整的组织活动制度）标准，在各镇（街道）排舞活动的集中区域实施排舞小广场建设，目前已完成排舞小广场全覆盖。建立排舞小广场日常管理制度，确定管理主体，明确管理内容，做到管理有序、规范。安排专用经费用于鼓励、支持各排舞小广场开展活动，给予验收合格的排舞小广场一定的经费补助。组建排舞小广场服务小队，采用组团服务、特派服务等方式服务全市所有镇（街道）的排舞小广场，在排舞小广场设立排舞常训班，每周定期开展排舞培训，2013年已培训160多场次，参与群众达1万多人次；2014年举办培训300多场次，参与群众3万多人次；2015举办培训360多场次，参与群众4万多人次。

（三）加强骨干培养，强队伍

在推广排舞的初级阶段，举办"零基础"初级培训班，安排专业排舞老师免费教授"简单排舞"，目前已开办培训班4期，接受培训人数达200余人次。2012年在市区罗马都市广场建立排舞教学示范广场，设立"天天领舞台"，按月列出培训计划、确定培训舞种，每晚以现场领舞的形式开展免费集中教授活动，学跳排舞

专业老师免费排舞教学培训

群众与日俱增。为全面推广排舞,以"排舞训练营"为载体开展常年教学活动,成立以专业排舞老师为基础的教练团队,选拔桐乡市基层排舞教练员、辅导员,定点、定时、定期在全市各个镇(街道)开展排舞教学工作,累计受益群众达 10 万多人次。开展排舞进机关、进农村、进社区、进学校、进企业和进新居民集聚区的"六进"活动,开展免费排舞培训,目前培养排舞带头人 2000 多人次。开展"舞动健康 幸福共享"排舞冬令营活动,将教学示范广场"搬"于文化场馆内部,延续市民冬季跳排舞的热情。

(四)组建特色团队,树品牌

深入了解群众需求,挖掘群众参与排舞运动的潜力,指导民间排舞团队的组建,形成推广排舞的合力。目前,排舞运动已深入基层,全市所有镇(街道)的 176 个行政村村村建起了排舞队。各类特色排舞队也应运而生,"乐动排舞队"、"新居民排舞队"、"男子排舞队"、"驻村干部排舞队"、"高铁站排舞队"等都逐渐组建、壮大。出台《桐乡市业余文艺团队管理办法》,根据团队的规模、活动情况、艺术成果等进行综合评定,给予优秀团队一定的奖励,进一步提高排舞团队发展的动力。排舞队在自身得到较大提升的同时,也经常下基层教授排舞,真正实现了"从群众中来,到群众中去"的目标,排舞成了老百姓自己的"民星"文化品牌。

(五)举办专题赛事,提质量

举办桐城"民星大舞台"排舞大赛,以"让群众编、导、演、看、评"为宗旨,采取乡镇选拔赛、复赛、决赛的形式,活跃城乡群众的文化生活,切磋"舞艺",桐城"民星大舞台"被评为 2012 年浙江省公共文化服务项目创新奖。举办多层次各领域排舞大赛,以组织"恒基建设杯"全市排舞大赛、"企业职工排舞大赛"、"全市中小学排舞大赛"等赛事为载体，掀起"全民跳排舞"热潮。积极向上级争取，成功举办2013"舞动浙江"万人排舞大展演、浙江省第七届排舞大赛、2014全国排舞师资培训班、2014浙江省排舞师资培训班、浙江省文化礼堂排舞师资培训班、2014全国全健排舞大赛、2014浙江省文化礼堂乡村排舞大赛、桐乡市第二届排舞大赛、"中华同心"排舞邀请赛，来自全省及中国台湾、中国澳门等地的150多支队伍近10000人参加，检阅排舞工作推广成效，提升全市排舞水平。

桐乡市万人排舞大展演

三 成效

（一）排舞团队如雨后春笋般建立起来

随着排舞在全市的推广和普及，一支支排舞团队逐渐组建。目前全市12个镇（街道）的176个行政村村村建起了排舞队，群众跳排舞的热情空前高涨。特别是桐乡市首支新居民排舞队、首支男子排舞队、驻村干部排舞队等团队的应运而生，真正体现了"全民跳排舞"的初衷。

（二）文体活动的公众参与率逐年提升

排舞推广活动开展以来，群众参与热情越来越高，参与人数急剧增加。市区各健身点，乡镇各健身广场已成为跳排舞的固定场所，男女老少，新老居民，来自五湖四海、各行各业的人群在这里聚集，踩着同一个节拍，跳着同一个舞步，其乐融融。据不完全统计，目前全市上下经常性参加排舞活动的群众已近20万人次。

（三）参加排舞大赛屡获殊荣

排舞作为最受市民欢迎的文体活动，跳出了全市的"精气神"，营造了"幸福桐乡"的美好氛围。在强大的群众基础上，市排舞队获得了"洪峰"杯全国排舞邀请赛金奖，"舞动中国·2012年全国排舞挑战赛"一等奖、2014全国全健排舞一等奖，第十五届中国上海国际艺术节长三角地区排舞邀请赛特等奖，浙江省第六、第七、第八届排舞大赛一等奖，浙江省文化礼堂乡村排舞大赛一等奖，全国排舞大赛一等奖等各类殊荣，为全市排舞推广增添了浓墨重彩的一笔。

（四）提升了市民的精气神

随着经济的发展，人们的生活节奏加快，长期缺乏文化娱乐和舒展身心的休闲方式，或者沉湎于不良生活和方式，群众容易产生心理上和生理上的疾病，不利于生活工作。桐乡市的排舞推广活动以赢取群众认同为根本，以增强文化凝聚力为目标，以人民群众喜闻乐见的形式来宣传社会主义核心价值体系，使广大市民在寓教于乐的过程中实现了文化活动从被动接受到主动需求的转变，真正提振了广大市民的"精气神"，在全社会形成了良好的社会风尚和时代风貌。很多群众远离了赌博等不良行为，大大提升了投入工作和生活的动力和活力。

（五）促进了社会的和谐稳定

工作之余，很多群众都走出家门聚在一起跳排舞，健身心成了大家共同的目标，在一起切磋舞艺、拉家常，增进了彼此的感情，群众中埋怨摩擦现象少了，互谅互助现象多了。无论男女老少、邻里之间、本地人与外地人之间，因为排舞的纽带作用，而紧密地联系在一起，排队跳排舞增强了群众的团队意识，有利于社会的和谐稳定。

　　点评：桐乡市群众排舞基础好，在创新宣传的基础上，又加强排舞阵地建设、队伍建设、特色团队培育，并通过专题比赛等形式，大力提升桐乡民间排舞的整体水平，并积极走出去，屡获殊荣。在"中国排舞之乡"的打造过程中，群众参与热情高涨，营造了良好的社会和谐氛围，社会效益显著。

乌镇戏剧节："文化 + 旅游"融合发展

一　背景

近年来，桐乡市立足广大市民的文化需求，大力培养戏剧队伍，不断创作戏剧精品，加强戏剧对外交流，通过"以文化人、以文惠民、以文兴业"，不断推进"人文名城"建设，取得明显成效。与此同时，重视乌镇的古镇保护与旅游开发，将文化与旅游深度融合，有力助推了"中国旅游第一大县"建设。

乌镇具有深厚的文化底蕴、独特的自然景观、完备的演出和接待能力，上演世界级精品剧目以及年轻戏剧人的原创作品。2013—2015 年已成功举办三届乌镇戏剧节。在 10 个剧场和乌镇自然景观中，三届戏剧节共特邀了 43 台中外大戏、90 多场青年竞演、480 多个作品的艺术嘉年华演出，近 150 位嘉宾和大师对话小镇，近 200 家媒体聚焦，6 万多名观众入场，40 万名游客及当地居民观看了街头艺术表演，更有来自中外的 1200 多名艺术家、专家和明星汇聚在江南水乡乌镇。

通过戏剧节，透过戏剧与生活、小镇与大师的相互融合与碰撞，让小镇凝聚更多国际级大师们的气场，乌镇戏剧节已经成为桐乡文化的一个品牌，为乌镇这个千年古镇带来充满生机的未来。

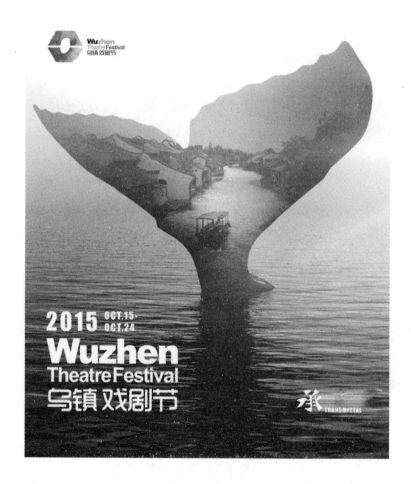

乌镇戏剧节宣传海报

二 做法

（一）古镇文化风貌是基础

乌镇戏剧节的诞生不是凭空而降，而是建立在保护和开发好乌镇这个千年古镇的基础上。也就是说，先有"乌镇"这个文化品牌，才有"乌镇戏剧节"。乌镇的保护与开发始于1999年，它不同于周庄、西塘、同里、南浔等任何一个古镇的形态，它以保留"旧坯子"、装入"新东西"的做法，重视古镇的文化内涵，借助市场的力量，着力于"文化小镇"的基础建设。乌镇是古镇，又是现代化的；乌镇是生活的，又是艺术的；乌镇是市场的，更是人文的；乌镇是历史的，同时也是新塑造的现代品牌的。只有这样一个具有古镇文化风貌的现代化度假旅游接纳能力的小镇，在它的文化底蕴、自然景观、硬件设施、软件体系等一系列设施服务日趋完善的基础上，才能滋养出国际大师和院团云集的乌镇戏剧节。

（二）树立高端品牌是目标

乌镇作为单个景区，在全国经营业绩排在第一位，但是日益增长的游客并非乌镇古镇建设和保护所追求的目标，因此，戏剧节诞生了，它的出现标志着乌镇的追求是"文化小镇"。除了风景秀丽的江南水乡风光，乌镇更被建设成一个有序、干净、现代、充满文化气息的宜居小镇，高端品牌才是它真正的目标。

（三）选择合作对象是途径

乌镇虽然有着千年的历史，但是在戏剧方面，除本土传统的桐乡花鼓戏、皮影戏之外，流传最广的也就是越剧或者曲艺中的评弹之类，这显然不能满足现代观众对戏剧文化的需求。古老的剧种用于研究和传承，乌镇也开设了古戏台的桐乡花鼓戏表演、每天演出的桐乡皮影戏和水上舞台的传统戏曲表演，等等，但要让乌镇成为一个国际级别的戏剧基地，必须寻找合作对象和引进顶尖的剧目。

乌镇旅游股份有限公司总裁、文化乌镇股份有限公司董事长陈向宏携手华语戏剧界极具影响力的戏剧大师赖声川、黄磊、孟京辉，美国现代剧场最具影响力的人物之一的罗伯特·布鲁斯汀，中国台湾及华人地区最著名的剧场制作人之一的丁乃竺，得过无数的国际奖项及荣誉学位的尤金尼奥·巴尔巴等，他们为戏剧节的品牌定位、院团邀请、剧目选择和具体操作提供了权威而可行的依据。中国国家话剧院、美国顾得曼剧场、加州浓缩莎士比亚剧团、印度团体剧场等国际院团，吸引了不仅仅是来自中国戏剧爱好者的目光，乌镇戏剧节因为这些大师、院团、剧目而熠熠生辉。

（四）多样化表演丰富戏剧节内容

除了戏剧大师和邀请剧目产生的影响，戏剧节还设立了青年竞演单元，以此推动青年原创戏剧的发展，扶持青年舞台戏剧人才，并为热爱戏剧有潜力、有梦想的青年创作者提供一个展示自我才华的平台，让青年创作者有机会向戏剧大师学习交流。

青年竞演单元的参赛剧目在戏剧节期间进行公演，戏剧节组成评审委员会从参赛作品中评选出优秀剧目和演员，并颁发奖状、奖杯和奖金。它让乌镇成为青年原创戏剧的孵化基地，为乌镇戏剧节的发展储备了新生力量。同时，乌镇戏剧节古镇嘉年华单元，通过来自五大洲的艺术表演团体以乌镇西栅的木屋、石桥、巷陌甚至乌篷船为舞台，各自献上精彩的演出。他们在非传统剧场内的公共空间进行的综合性文艺表演，让游客和乌镇本土居民不必跨洋过海便可尽情欣赏世界街头戏剧、现代表演艺术、音乐会演、曲艺杂耍等。

古镇嘉年华让艺术与观众近距离接触，成就乌镇戏剧节的另一个高潮。"小镇对话"也是乌镇戏剧节特有的一项内容。在小镇遇见大师对谈，在小镇遇见名家讲学，戏剧爱好者可以在古色古香的沈家戏园免费聆赏戏剧大师高峰对话，畅谈剧场艺术、美学、剧场制作实务、世界戏剧的现在与未来。

同时，还有当代知名剧场为表演工作者开设的演出训练工作坊，包括大会荣誉主席罗伯特·布鲁斯汀，欧丁剧场实验戏剧大师尤金尼奥·巴尔巴，赖声川、黄磊、孟京辉、田沁鑫、史航、周黎明、黄哲伦等，也有由欧丁剧场成员亲自引领的工作坊，让参与者直接向他们学习。多样的表演既丰富了戏剧节的内容，提供戏剧交流学习的氛围，同时为不同的观众群提供了与戏剧亲密接触的可能。剧场邀请节目面对戏剧人、戏剧爱好者和学者、教师、知识分子、白领等，青年竞赛面对更多有志于戏剧的年轻人，街头表演甚至不需要买票就能让游客和本土居民欣赏，它打破了戏剧节观剧选择的局限性，同时也以多样的形式增添了戏剧节更为浓厚的氛围。

（五）创新让品牌历久弥新

乌镇古镇品牌和乌镇戏剧节的品牌培育均分为三个阶段：第一阶段为品牌的定位；第二阶段为品牌的建设；第三阶段为品牌的创新。建立品牌不易，品牌创新更难。乌镇戏剧节的品牌创新主要表现在以下两个方面：

其一，乌镇旅游是市场化的，乌镇戏剧节的操作方式是市场运作，但更注重保持戏剧节的纯粹性。首届戏剧节的成功举办，引来了各方投资和赞助商的目光，但是并未得到戏剧节的接纳。乌镇戏剧节不走寻常路，它作为一个高端品牌产品，注重乌镇发展的整体战略布局，尽量减少商业运作，更多体现文化气息。

其二，表演因乌镇而创新。第二届戏剧节中，邀请剧目首次走进水剧场，水剧场版《青蛇》舞台以乌镇的自然景观为背景，以水域为主要的表演场所，演员们在水中演完全剧，每场2500位观众观看演出，当白蛇走入雷峰塔时，乌镇的白莲古塔还在远处隐约可见，可谓剧、情、景合为一体。这是以乌镇特有的景观而打造的一个实景表演剧目，这样的创新仅乌镇可有，也唯乌镇仅有，演出获得了专业人士和观众的一致好评。

乌镇戏剧节开幕式

三　成效

数据显示，首届戏剧节，6 部特邀剧目，120 个团队，500 场嘉年华；第二届戏剧节，17 部特邀剧目，56 场演出，108 位嘉宾出席，150 家共 250 位媒体记者，24419 位观众，300 多个作品1000 多名艺术家共计 1500 场嘉年华演出，近 13 万游客总量；第三届戏剧节，来自世界各地的八大国家级名团，以及法国、意大利、俄罗斯等 12 个国家和地区的 20 台顶尖国际精品剧目，共 73场演出在乌镇的十个剧场上演。但如前所述，增加游客量，门票收益并非戏剧节初衷。

　　就目前的成效来看，戏剧节最初的三个设想"让更多人能够了解、参与戏剧"、"让乌镇本土居民特别是孩子们得到更多文化上的熏陶和提升"、"推动年轻导演和戏剧人的成长"均已实现。行内专业人士认为，乌镇两届戏剧节已经站稳脚跟，甚至跨越了爱丁堡的30年。自第二届戏剧节开始，就已经引起英国、丹麦等国家艺术团体的关注，包括爱丁堡艺术节发来邀请，抛出橄榄枝，有合作意向。同时吸引全国各地大专院校研究戏剧的专业人士和各种规模的艺术节的领导也前往乌镇观摩。

　　点评：文化融合发展是构建现代公共文化服务体系的重要抓手。乌镇以千年古镇为依托，重视古镇的文化内涵，借助市场的力量，与知名大师、院团密切合作，打破传统戏剧表演模式，创新特色品牌演出，形成了市场化运作的高端品牌戏剧节，国际影响力日益显现，成为文化与旅游融合的典范，既彰显了古镇的特色，又丰富了古镇的文化内涵，成功地实现了以文化带动产业发展。

借力世界互联网大会：
让文化遗产活起来

一　背景

2013 年，习近平总书记在中共中央政治局集体学习时提出，"让收藏在博物馆里的文物、陈列在广阔大地上的遗产、书写在古籍里的文字都活起来"。习近平总书记的讲话是党中央对文化遗产保护工作提出的重要精神，也是文化遗产保护工作的必然要求。"让文化遗产活起来"，也是 2014 年文化遗产日的主题。"保护遗产"、"寻找历史记忆"、"讲好中国故事"、"感悟中华文化"、"传承文明薪火"、"添彩美丽中国"，已成为当前文化遗产保护和利用工作的共识。

互联网是当代科技文明的新生力量，世界互联网大会是互联网领域的高峰会议。首届世界互联网大会选址桐乡乌镇，旨在让江南水乡的一个小镇与世界互联网直接对接对话，让最先进的世界文明成果与最悠久的中华文化交流融合，让现代信息文明与传统历史文明交相辉映。

2014 年 11 月 19—21 日，首届世界互联网大会在乌镇隆重举行。这是中国举办的世界互联网领域一次盛况空前的高峰会议，是互联网领域洞察发展大势、把握发展规律、引领发展潮流、开创美好未来的国际盛会。乌镇之所以被定为永久会址，有浙江的环境因素、经济因素和浙江互联网产业、互联网普及率及信息化发展等种种背景因素。但同时又是因为举办地乌镇拥有千余年的历史，承载并充分展现着古老而又现代的中国文化所致。正如李强省长所说，"镇小名气大、网络故事多"。乌镇，交通便利、民风淳朴，地处沪杭苏金三角中心，是典型的鱼米之乡、丝绸之府；乌镇，经济发达、百姓富裕，旅游、健康、养生等特色产业已初具规模；乌镇，历史悠久、文化灿烂，拥有七千多年的文明史和一千三百多年的建镇史，已经被列入联合国世界文化遗产预备清单；乌镇，江南水乡、特色鲜明，拥有 16 万平方米的历史街区建筑，素有中国"最后的枕水人家"的美誉，去年接待游客 569 万人次。因此，世界互联网大会与乌镇这处著名的文化遗产有了一次举世瞩目的拥抱。

世界互联网大会乌镇峰会

2015 年 12 月 16—18 日，第二届世界互联网大会乌镇峰会成功举办。总书记、国家主席习近平出席开幕式并发表主旨演讲。来自全球的 1200 位政府、国际组织、企业、科技社群和民间团队的代表受邀参会，其中有 8 位外国领导人，近 50 位外国部长级官员。借力互联网大会，水乡文化遗产的典范——乌镇冲出了国门，走向世界，全球各地无数双眼睛通过互联网、透过互联网大会看到了中国，近距离感受到了中华文明的魅力。世界互联网大会，实现了"让文化遗产活起来"的愿望。

二 做法

（一）让文化遗产保护活起来，增添江南魅力

世界互联网大会永久会址花落桐乡乌镇，国信办主任鲁炜道出的很重要的一大原因就是乌镇深厚的文化底蕴，这也是对市古镇文化遗产保护工作的肯定。乌镇位于桐乡市域北部，古名乌墩、乌戍。唐咸通十三年（872 年）的《索靖明王庙碑》首次出现"乌青镇"的称呼。这是一个源远流长的古镇，若是追究历史的源头，甚至能追溯到古镇东郊一处距今七千年的新石器时代古遗址。七千年的文明史、一千三百多年建镇史，铸就了乌镇为浙北工商业巨镇的地位。新中国成立后，随着水运优势为陆路交通的取代，依水路船运优势而盛的乌镇逐渐萧条，和大多数江南古镇一样，老街逐渐颓损，旧时繁华风貌尽失，是去是保的选择摆在决策层面前。在历史的关键时刻，桐乡市委、市政府高度重视，以"原状修复、修旧如旧"为原则，1997 年，启动乌镇古镇保护与开发工作。1999 年，古镇历史文化遗产保护工程全面开工。2001 年，一期（东栅）工程修缮完成，对外开放。2007 年，历时四年，投资近 10 亿元，占地面积 3.2 平方公里，以"保护最彻底、功能最完善、环境最优美、管理最科学"为目标的二期（西栅）工程修

缮完成。前后两期保护工程的顺利完工，再加上《乌镇历史文化名镇保护管理办法》的严格执行，乌镇有效实现了历史文化遗产的全方位保护。镇区以河成街、街桥相连、依河筑屋、水镇一体，古风犹存的东、西、南、北四条老街呈"十"字交叉，构成双棋盘式河街平行、水陆相邻的古镇格局。民居宅屋傍河而筑，街道两旁保存有大量明清建筑，辅以河上石桥，体现了"小桥、流水、人家"的江南古镇风韵。富有水乡特色的江南历史风情小镇初具规模，乌镇现为国家级历史文化名镇。"栽下梧桐树，引来金凤凰"，桐乡市对古镇文化遗产的科学保护，为世界互联网大会落户赢得了机遇。

（二）让文化遗产传承活起来，讲好江南故事

2009 年 11 月，桐乡市委市政府制定并实施《桐乡市非物质文化遗产保护规划（2010—2015 年）》（桐政办发〔2009〕146 号），为全市非物质文化遗产保护提供有力的保障。在乌镇古镇保护开发的同时，大力挖掘非物质文化遗产。挖掘了因旅游而恢复的民俗活动"乌镇香市"之乌镇香市、瘟元帅会和水龙会三个大项目；乌镇古建筑艺术中的乌镇水阁建筑技艺、乌镇马头墙与观音兜建筑技艺、乌镇石桥建筑技艺、河埠建筑技艺等；修真观古戏台上的桐乡花鼓戏、桐乡皮影戏，西栅书场里的桐乡三跳、苏州评弹等，财神湾水面上的"轧蚕花"、高杆船、拳船等；民间美术方面的桐乡竹刻、桐乡剪纸等；民间手工技艺的桐乡蓝印花布、乌镇陈庄竹编、土布纺织、晒红烟加工等；乌镇民俗方面的"三把刀"之面刀、剃刀、修脚刀；百年老店的"三只缸"，酒缸、酱缸、卤味缸；居民家中的"三只甏"，米甏、水甏、臭卤甏等非物质文化遗产项目 100 多项。

乌镇香市

为更好地传承非物质文化遗产，桐乡市大力加强传承基地建设。在乌镇建设了一批非物质文化遗产展示场馆，如江南百床馆、三寸金莲馆、木雕馆、民俗馆、泰丰斋"剔墨纱灯"陈列馆等，收藏了大批非物质文化遗产的珍贵资料和实物。可以说，乌镇是桐乡乃至江南地区非物质文化遗产的一个"大观园"。同时在乌镇景区特别设置了"高杆船技"展示平台，为游客们表演这项被列入国家级非遗项目的民间技艺，更有力地保证了非物质文化遗产的传承和传播，扩大了影响力。

（三）让文化遗产弘扬活起来，点燃江南薪火

世界互联网大会在乌镇召开，如何借着国际级大会的有利时机"讲好中国故事、感悟中华文化、添彩美丽中国"，是国家层面交给桐乡市委市政府的重要任务。桐乡市充分利用传统历史文化

遗产资源，精心融入传统文化元素，在各种细节上考虑了文化特色，特别是在环境整治、会务接待、宣传媒体工作中，积极宣传展示特色文化遗产。大到古镇氛围宣传、高速互通改造、沿途建筑物整治、大会会场布置，小到会议桌签设计、餐桌饮食安排、休闲音乐播放、花卉盆景配伍等处处强调传统文化元素的体现，带给世界一个纯粹的中国风，让来宾沉浸在东方文化的熏陶中。"美丽浙江"系列图片展、"乌镇之夜"招待晚宴暨浙江特色文艺表演活动、《十里红妆·女儿梦》专场文艺演出、"相约乌镇"桐乡主题文化活动等一系列内容丰富、反映风土人情、传统文化的特色交流和展演活动引起了世界关注。世界互联网大会，让这批文化遗产插上了翅膀，飞向了全球各地，带去了中国风，展示了中国梦，播撒了华夏文明薪火。

三　成效

世界互联网大会在乌镇永久入驻，为这个江南历史文化古镇融入了生命活力。乌镇历史悠久，文化底蕴深厚，有着独特的水乡风情、民俗文化和建筑风格，古镇古韵悠长，在古镇随处可以欣赏、品味到历史文化的魅力。如今，随着互联网大会的召开，在乌镇浓郁的古镇氛围中，有了一片绚丽的现代风采，走在古镇上，广告招牌有了醒目的 WIFI 标记，特价房、土菜、老字号有了互联网的基因，通信、消费、人们的生活方式进入了互联网时代。互联网大会使这个有着千年历史的江南小镇，完成了传统文化与现代文明的无缝链接。

中华文化源远流长、博大精深，但中华民族从来没有以此骄傲自居，而是敞开怀抱，接纳各方先进文化，不断传承发展中华文化。世界互联网大会以"互联互通·共享共治"为主题进行深入交流，推动互联网发展、共享发展成果、增进人类福祉，也充分体现了中华文化的包容性。在桐乡乌镇举办世界互联网大会，为中国与世界的互联互通搭建了一个国际平台，也为国际互联网共享共治搭建一个中国平台，这不仅让中国走向了世界，也让世界了解了中国。

　　点评：互联网与传统文化产业的深度融合，使得互联网与内容产业成为一个有机的生态体系，真正促进了文化的振兴。桐乡市以世界互联网大会永久落户乌镇为契机，加大文化遗产保护、传承、弘扬发展，恢复民俗活动、建造非物质文化遗产展示场馆、展演传统文化特色等，使文化遗产活起来，在信息化、全球化的背景下向世界展示了中国优秀传统文化，成为传统文化与现代文明交织的典范。

后 记

　　本书汇集的案例，主要反映嘉兴市在创建国家公共文化服务体系示范区期间的创新实践。全书的总体构成、编辑体例、案例审定由编委会决定。全市五县二区创建办公室和文化行政部门以及市图书馆、文化馆在市创建办和文化局的指导下，精心遴选、认真撰写案例，并提供了大量的影像资料，为案例的成书奠定了坚实基础。市创建办和文化局邀请国内相关专家对每一个案例都做了简要点评，对创新案例的理解和借鉴起了画龙点睛的作用。

　　感谢所有人为本书做出的贡献，感谢各方面专家学者为本书定稿提出的意见和建议，感谢中国社会科学出版社对本书出版的重视和帮助。愿本书能够成为嘉兴构建现代公共文化服务体系的阶段性实践记录，成为嘉兴创建国家公共文化服务体系示范区的创新总结，能对我国构建现代公共文化服务体系提供些许参考借鉴。

编者

2016 年 3 月